p: dol:
cantabile

Beethoven
La force de l'absolu
PHILIPPE AUTEXIER

«Des rayons éclatants
traversent la profonde nuit de ce royaume;
des ombres gigantesques
volent, vont et viennent,
nous serrent de plus en plus étroitement,
et nous anéantissent enfin, nous,
mais non moins l'angoisse,
le désir infini
dans lequel retombent et se noient
tous les éclairs jubilants des sons.
Au sein de cette souffrance
qui absorbe en soi, sans les détruire,
amour, espérance et joie,
nous pensons éclater,
sans l'accord de toutes les voix des passions
– mais nous continuons à vivre,
visionnaires extasiés...
Pas question, selon les critiques,
de choix et d'élaboration des idées :
ce compositeur jette tout sur le papier,
selon les inspirations fiévreuses de son génie.
Mais n'est-ce pas plutôt
que la profonde cohésion
de chacune des œuvres de Beethoven
échappe à notre faible regard?»

E. T. A. Hoffmann,
*Kreisleriana*

DANS LA MÊME COLLECTION :

1/ A LA RECHERCHE DE L'ÉGYPTE OUBLIÉE
2/ VIE ET MORT DES BALEINES
3/ LA SAGA DE L'ESPACE
4/ PICASSO
5/ A LA CONQUÊTE DU MONT BLANC
6/ LA LONGUE MARCHE VERS LA CHINE MODERNE
7/ GOYA D'OR ET DE SANG
8/ BLANCS ET BLEUS DANS LA VENDÉE DÉCHIRÉE
9/ VERDI
10/ GALILÉE
11/ ESCLAVES ET NÉGRIERS
12/ ALEXANDRE DUMAS
13/ LES VIKINGS ROIS DES MERS
14/ LA TERRE DES PEAUX-ROUGES
15/ LE GRAND DÉFI DES PÔLES
16/ POMPÉI
17/ VAN GOGH
18/ ANDRÉ MALRAUX
19/ LES FOSSILES
20/ LES CITÉS PERDUES DES MAYAS
21/ SUR DES MERS INCONNUES
22/ MAHOMET
23/ MONTAIGNE
24/ L'ÉCRITURE, MÉMOIRE DES HOMMES
25/ VERS L'OUEST, UN NOUVEAU MONDE
26/ LE CIEL, ORDRE ET DÉSORDRE
27/ DE LA GRÈCE A L'ORIENT, ALEXANDRE LE GRAND
28/ MONT-SAINT-MICHEL
29/ BRÉSIL
30/ GLOIRE ET MISÈRE DES GALÈRES
31/ L'HOMME RÉPARÉ
32/ LE SANG ET LES HOMMES
33/ L'EMPIRE AZTÈQUE
34/ LA FIÈVRE DE L'OR
35/ CINÉMATOGRAPHE, INVENTION DU SIÈCLE
36/ DEGAS
37/ LES INCAS
38/ L'ÎLE DE PÂQUES
39/ RICHARD WAGNER
40/ L'AMAZONIE
41/ MOZART
42/ A VOS PLUMES, CITOYENS !
43/ L'HISTOIRE VRAIE DES MUTINS DE LA BOUNTY
44/ RODIN
45/ PIRATES ET FLIBUSTIERS
46/ DAVID
47/ LES ARCHITECTES DE LA LIBERTÉ
48/ LA RÉVOLUTION DES SAVANTS
49/ GAUGUIN
50/ GANDHI
51/ BERLIOZ
52/ COMMENT LA TERRE DEVINT RONDE
53/ MARCO POLO
54/ VILLA, ZAPATA ET LE MEXIQUE EN FEU
55/ CÉZANNE
56/ À LA RECHERCHE DE LA ROME ANTIQUE
57/ LES SORCIÈRES
58/ LITTÉRATURES ET CLASSICISME AU SIÈCLE DE LOUIS XIV
59/ LE TRIOMPHE DES ARCS
60/ MÉMOIRES DU LOUVRE
61/ VERSAILLES
62/ LA TOUR EIFFEL
63/ QUAND LES GAULOIS ÉTAIENT ROMAINS
64/ ANGKOR
65/ VOLTAIRE
66/ JEAN-JACQUES ROUSSEAU
67/ LANGAGE DES SIGNES
68/ CARPEAUX
69/ LE MONDE PERDU DES DINOSAURES
70/ FRÉDÉRIC CHOPIN
71/ HISTOIRE DES BAGNES ET DES FORÇATS
72/ LA GRANDE AVENTURE DE LA PRESSE
73/ VELÁZQUEZ
74/ LA LITTÉRATURE, DES GUERRES DE RELIGION A LA FRONDE
75/ LES PAQUEBOTS
76/ REMBRANDT
77/ LES TEMPLES DE L'OPÉRA
78/ DANS LA NUIT DES ABYSSES
79/ SIGMUND FREUD
80/ LITTÉRATURES DE LA RENAISSANCE
81/ LA SAGA DU TOUR DE FRANCE
82/ LES GLADIATEURS DU NOUVEAU MONDE
83/ HISTOIRE DU FOOTBALL
84/ LA GRÈCE ANTIQUE
85/ NOUVELLE-CALÉDONIE
86/ LA NAISSANCE DE LA GRÈCE
87/ NI EMPEREUR NI ROI : CHEF D'ORCHESTRE
88/ LA BIBLIOTHÈQUE NATIONALE
89/ LES ÉTRUSQUES
90/ WILLIAM PENN ET LES QUAKERS
91/ NEWTON
92/ LA GRENOUILLE
93/ LES ÉLÉPHANTS
94/ LE FAUCON
95/ LE RÊVE CISTERCIEN
96/ CHAMPOLLION
97/ DE L'INDOCHINE AU VIÊT-NAM
98/ LE NÉOLITHIQUE
99/ A LA REDÉCOUVERTE DU JAPON
100/ LE ROMAN VRAI DE L'ENCYCLOPÉDIE
101/ DE GAULLE
102/ RIMBAUD
103/ LA GAULE RETROUVÉE
104/ TOUT L'OR DE BYZANCE
105/ LE CHAT
106/ BEETHOVEN
107/ LE DUEL ET L'ESCRIME
108/ SEURAT

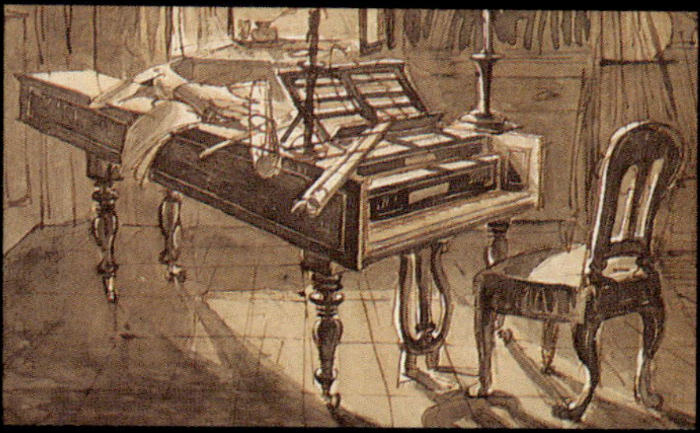

Devenir sourd quand on est musicien :
son destin aurait pu à lui seul faire de Beethoven
le héros tragique de l'histoire de la musique.
Or, par-delà la pathétique infirmité,
Beethoven nous laisse un testament en lettres de feu :
des sonates parmi les plus belles
qui aient jamais été écrites,
des symphonies qui sont entrées dans l'éternité
et l'apothéose de la musique de chambre.
La surdité, pourrait-on dire, n'est venue qu'en
contrepoint du parcours déjà écrit :
car l'homme était sublime et sa musique de l'au-delà.
Philippe A. Autexier retrace
les tourments d'une vie
qui ne prenait sens que dans le monde sonore,
– et qui un soir de 1827 –
un soir d'orage on le sait, retourna à lui comme
l'homme retourne à la poussière.

A 53121
ISBN : 2-07-053121-X
9 782070 531219
catégorie 4

Von L. van Beethoven.

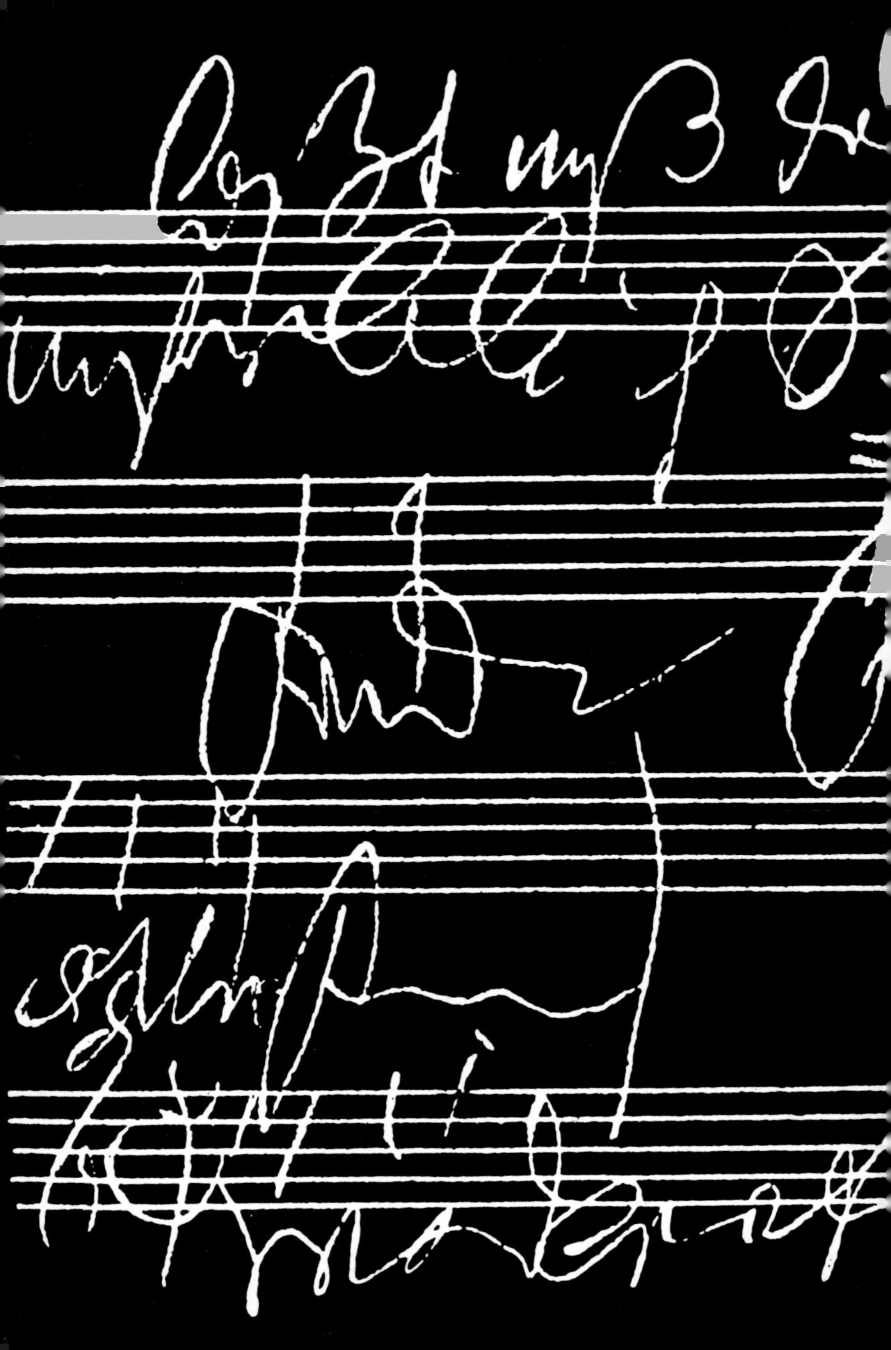

Philippe A. Autexier, musicologue, a enseigné dans plusieurs conservatoires et universités en France, en Italie, en Allemagne, en Grande-Bretagne et aux Etats-Unis. Il a produit des éditions critiques de musique et de documents sur l'histoire de la musique, publié plus d'une centaine d'articles et une douzaine de livres sur la musique de Mozart à Bartók. Il a aussi réalisé de nombreuses émissions radiophoniques sur France-Musique, France-Culture, la B.B.C. et les chaînes suisses ou allemandes.



*Dépôt légal : mars 1991*
*Numéro d'édition : 49164*
*ISBN : 2-07-053121-X*
*Imprimerie Kapp Lahure Jombart, à Evreux*

# BEETHOVEN
## LA FORCE DE L'ABSOLU

Philippe A. Autexier

DÉCOUVERTES GALLIMARD
MUSIQUE

Au XVIIIe siècle, la ville de Bonn compte plus de dix mille âmes. Construite dans le goût français, agrémentée de grands et beaux jardins, suivant les plans de François de Cuvilliés et de Balthazar Neumann, l'élégante cité allemande jouit d'une vie paisible sur les bords du Rhin. Tel berceau, tel homme : Beethoven gardera toujours à l'esprit les lignes classiques de Bonn, la belle ordonnance de son urbanisme.

CHAPITRE PREMIER

# PROMESSES

« La nature ignore la détestable différence que les hommes mettent entre eux. Elle répartit les qualités du cœur sans privilégier les nobles et les riches, et il semble même que la perceptivité naturelle soit plus grande chez le commun qu'ailleurs. [...] Un cœur sensible, que c'est inestimable ! »

Lessing, 1751

En 1268, les bourgeois de Cologne en révolte avaient interdit à leur prince électeur et archevêque de séjourner dans leur cité pendant plus de trois jours. La cour se transporta dans la petite ville voisine de Bonn et y resta jusqu'à la Révolution française. Devenue résidence princière du Saint Empire romain germanique, Bonn se peupla de courtisans, de fonctionnaires, d'employés domestiques et de petits négociants.

**Plutôt qu'une ville, une cour**

La vie artistique et culturelle s'en ressent tout particulièrement. Les opéras y servent à honorer les grands en visite, ou encore à fêter le carnaval; les oratorios marquent le carême, et les cantates ornent toutes les occasions. Un peu de musique instrumentale vient agrémenter le quotidien profane et les concerts de la cour. Aucun artiste de renom ne songe à se fixer durablement dans cette petite résidence, pourtant capitale d'une des plus grandes principautés électorales du Saint Empire. L'archevêque a juridiction sur des villes aussi lointaines que Minden, Osnabruck, Utrecht et Liège. Un chanteur flamand s'installe à Bonn. C'est tout de même ici que Ludwig van Beethoven (1712-1773) – le grand-

D'abord chanteur à Louvain et à Liège, le grand-père Ludwig mène une carrière exceptionnelle à Bonn : pour la première fois, un directeur musical ne composera pas lui-même les œuvres qu'il fera jouer. Le portrait de ce personnage quasi mythique (ci-contre) restera toujours accroché au-dessus du bureau de Beethoven.

père du compositeur – choisit de vivre à partir de 1732. Il se fait d'abord accepter comme chanteur sans gages, pour un essai d'un an, dans la chapelle de la cour, c'est-à-dire dans le petit ensemble musical du prince-archevêque. Mais le délai d'une année ne touchera pas à son terme : Ludwig van Beethoven obtient rapidement la situation stable qu'il convoite, avec des appointements relativement élevés, de quatre cents florins.

Au XVIIIe siècle, il est encore d'un usage très répandu que les enfants reprennent la profession de leurs parents. Aussi, Ludwig van Beethoven prépare tout naturellement son fils Johann (1740-1792) à la carrière musicale : une grande adresse au violon et en chant ainsi qu'une bonne connaissance du jeu au clavecin lui donneront le bagage indispensable à tout prétendant au poste de maître de chapelle (directeur musical d'une cour ou d'une église). Mais dans un premier temps, c'est Ludwig lui-même qui occupe ce poste à Bonn, à partir de 1761. Trois ans plus tôt, Johann a été engagé à son tour dans la chapelle, avec seulement cent florins de gages : les finances de l'Electeur ne permettaient plus les largesses dont avait bénéficié Ludwig trente ans auparavant. Johann sait compenser la différence en donnant des leçons de chant et de violon dans les maisons distinguées de la ville. En 1767, il épouse Maria Magdalena Keverich (1746-1787), une jeune veuve originaire de Trèves.

Confrontés plus durement que le grand-père aux réalités de la vie quotidienne, les parents du petit Ludwig (en médaillons) ne laisseront pas dans son cœur le sentiment d'un idéal moral et social, mais plutôt celui de la lutte soutenue pour l'existence.

**Le 17 décembre 1770, Ludwig est porté sur les fonts baptismaux de l'église Saint-Rémi de Bonn**

Sans doute est-il né la veille, ou le jour même, mais aucun témoignage ne vient le confirmer. Il reçoit le prénom de son grand-père, qui est aussi son parrain. Dès que l'enfant peut marcher, le maître de chapelle aime à le promener dans les rues et dans les jardins de la résidence princière. Peut-être l'imagine-t-il déjà prenant à son tour une place dans la dynastie naissante des Beethoven maîtres de chapelle… Il n'aura pourtant pas le loisir d'assister à ses premiers balbutiements dans l'art musical. L'enfant vient de fêter son troisième anniversaire quand l'aïeul s'éteint. Le souvenir, entretenu avec nostalgie par Maria Magdalena, transforme bientôt Ludwig l'ancien en une figure mythique, symbole d'un bonheur à jamais évanoui.

A cette époque, la chapelle du prince-archevêque compte douze archets, deux

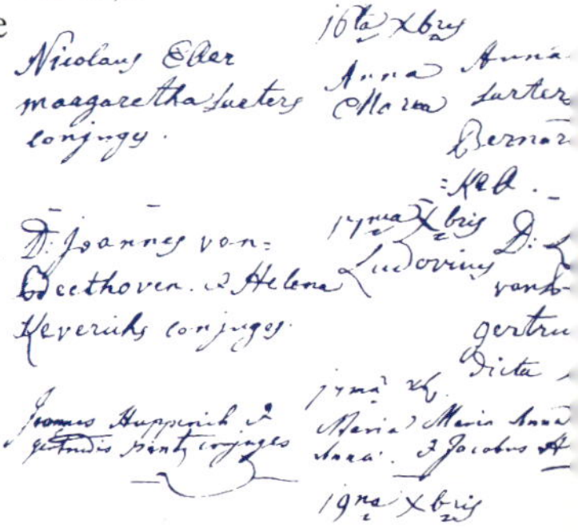

bassons, un organiste et neuf chanteurs – sans parler de la petite bande des gardes du corps. Johann van Beethoven, cependant, doit en laisser la direction à Andrea Lucchesi, un vaillant artiste italien, qui présente pour la cour l'avantage considérable d'être à la fois compositeur et directeur d'une troupe d'opéra.

Dans sa cinquième année, le petit Ludwig montre des dispositions pour la musique. Impressionné par l'exemple de Leopold Mozart et de ses enfants, qui sillonnent l'Europe depuis une décennie déjà, Johann van Beethoven entreprend la formation de son fils dans la même perspective. Ludwig semble pourtant réfractaire au travail imposé par son père. Il préfère jouer seul, en improvisant à l'instrument, malgré l'interdiction qui lui en est faite.

La musique habite la maison natale de Beethoven à Bonn (à gauche), mais point sous la forme d'un chœur d'anges ou d'enfants, comme le veut l'imagerie populaire : exercices quotidiens du père à son violon, leçons données aux élèves, qui ne jouent pas toujours très juste... Par bonheur, on se rassemble aussi pour des séances de musique de chambre, entre professionnels amis.

A sept ans, il est inscrit à l'école élémentaire, avant de passer bientôt à celle de la cathédrale, qui doit le préparer à entrer au gymnase (lycée). Mais les progrès sont plus rapides en musique qu'à l'école : le 26 mars 1778, son père le produit en concert à Cologne, en même temps qu'une jeune chanteuse de ses élèves.

**Après son premier concert, l'éducation musicale du jeune Ludwig se diversifie**

Le prince-archevêque sait maintenant qu'il abrite dans sa résidence un sujet prometteur. Il décide de subvenir à sa formation en le confiant aux meilleurs musiciens qui travaillent à son service. L'organiste de la cour, Heinrich Van den Eeden, secondé par Tobias Friedrich Pfeiffer, est chargé de l'enseignement au clavecin; Franz Georg Rovantini, un parent de Maria Magdalena van Beethoven, prend la relève au violon. A l'église, l'enfant découvre l'orgue. Il reste au pied de la tribune, subjugué. Bientôt, racontent les contemporains, on le voit jouer à la messe de six heures du matin, à l'église Saint-Rémi.

Pendant ce temps, la vie à Bonn continue sans grand changement. La principale nouveauté, chaque année, se voit au théâtre, car les troupes itinérantes ne restent dans la ville que pendant deux ou trois saisons. A l'affiche de 1781, on trouve *Adelheit von Veltheim*, un opéra-turquerie

L'orgue fascine le jeune Beethoven. Pourtant, à part une *Fugue en ré* (1783), il ne composera rien expressément pour l'instrument-orchestre. Mais l'atmosphère mystique de l'église transparaît dans nombre de ses œuvres de maturité.

« Il touche du piano avec beaucoup d'adresse et de force, écrit Neefe (ci-contre) à propos de son élève de douze ans. Il déchiffre très bien et surtout, il joue *Le Clavier bien tempéré* de J. S. Bach, que l'on peut désigner comme le *non plus ultra* de notre art. »

Melchior Seltzam delpi
1816

sur un sujet presque identique à celui de *L'Enlèvement au sérail* de Mozart. C'est le directeur musical de la troupe, Christian Gottlob Neefe, qui en a écrit la partition. Il n'en est pas à son premier succès.

Beethoven sera pianiste. Mais pour l'heure, son éducation se fait surtout à l'orgue et au clavecin, dont les ressources sont limitées quand il s'agit de varier les nuances d'intensité. En revanche, ces deux instruments, grâce à la présence de «jeux» aux couleurs bien distinctes, permettent un travail approfondi sur les «voix».

Dans l'esprit du XVIII^e siècle, on devient un compositeur à part entière en publiant un recueil de trois ou six sonates.

L'attention de la cour s'est tant et si bien portée sur Neefe au cours de la saison que, lorsque l'organiste Van den Eeden meurt, cette même année, le poste vacant lui est attribué. Il devient du même coup le principal responsable de la formation du jeune Beethoven.

Pour l'enfant, l'enseignement à la manière de la vieille école est terminé. Car Neefe est un pur esprit des Lumières; sa pensée se veut méthodique, organisée, et ses intérêts vont de la littérature à la politique, de la musique à la franc-maçonnerie. Il est même l'un des principaux animateurs des Illuminés de Bavière à Bonn, ce qui laisse penser que Beethoven s'est imprégné très jeune du mode de pensée humanitaire qui caractérise une bonne partie de sa musique.

La méthode d'enseignement de Neefe ressemble beaucoup à celle utilisée vingt ans plus tôt par Leopold Mozart avec son fils Wolfgang : il s'agit en premier lieu de former le goût de l'élève en le faisant entrer de plain-pied dans l'univers des meilleurs auteurs. Neefe choisit des valeurs sûres de l'école de Vienne – les mêmes que Leopold Mozart, en ajoutant Joseph Haydn – et, en bon Allemand du Nord, les œuvres de Johann Sebastien et de Carl Philipp Emanuel Bach. *Le Clavier bien tempéré* lui fournit l'occasion idéale pour une étude vivante du contrepoint. Bientôt, Neefe peut engager Ludwig dans la vie musicale de la cour. Dès 1782, le jeune Beethoven est introduit dans l'orchestre comme claveciniste. Ce poste est

important, car le clavecin est le centre, l'âme de l'orchestre au XVIII^e^ siècle. Et à l'opéra, non seulement il garde le rôle de directeur dans l'orchestre, mais il accompagne les voix dans tous les récitatifs. Cette activité de claveciniste ne manque pas d'enrichir l'expérience du petit musicien, surtout du point de vue de l'harmonie.

Au cours de la seconde moitié du XVIII^e^ siècle, le pianoforte – première forme du piano moderne – supplante presque totalement le clavecin (ci-dessus). Le nouvel instrument favorise les contrastes, du *pianissimo* à peine audible au violent *fortissimo,* qui sont un aspect primordial du style beethovenien.

**Premières compositions**

Son évolution s'accélère tellement que les premières véritables compositions musicales ne tardent pas à naître, toutes pour le clavier. Dès la fin de 1782 paraissent neuf *Variations sur une marche de Dressler,* et, en octobre 1783, chez le grand éditeur de Spire, Bossler, *Trois Sonates* dédiées au prince-archevêque. Dans ces trois sonatines, on rencontre déjà des thèmes qui reviendront dans les œuvres de Beethoven quelques années plus tard.

Ces premières étincelles de créativité restent tout de même à l'étroit dans le moule simple du rondo et de la variation; elles se ressentent beaucoup de l'influence des maîtres contemporains que le jeune auteur a

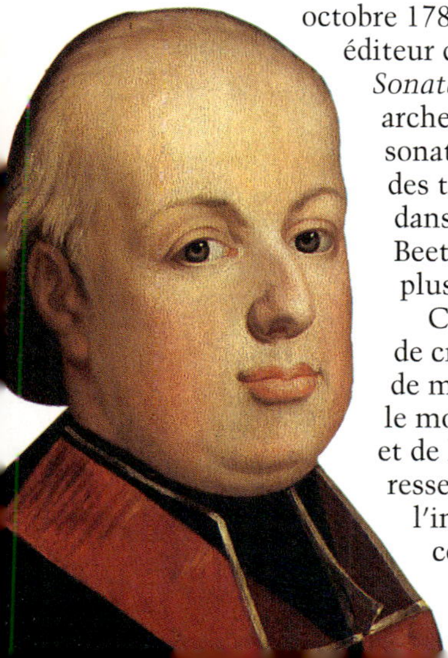

La consommation de musique, au temps de Beethoven, est bien plus privée, dans les salons, que publique; au concert, on chante au clavier, on joue des sonates – éventuellement avec flûte ou violon – et, dans les milieux les plus mélomanes, on pratique le quatuor. Joseph Haydn (médaillon ci-dessus) porte le genre à un point de raffinement qui lui assure les faveurs des «vrais connaisseurs», selon l'expression de l'époque. Mozart et Beethoven, eux aussi, accorderont une part majeure de leur travail à la musique de chambre, et surtout, au quatuor.

particulièrement étudiés ou entendus dans les dernières années, C. P. E. Bach, J. Haydn, l'abbé Sterkel, qui est très en vogue à Paris, et, bien sûr, Neefe.

Beethoven devient compositeur au moment où la pensée des Lumières éclaire la vie politique et intellectuelle de Bonn. Le prince-archevêque, auquel viennent d'être dédiées les *Trois Sonates*, meurt le 15 avril 1784. L'élection lui désigne pour successeur Maximilien-François de Habsbourg, archiduc d'Autriche, le plus jeune frère de l'empereur Joseph II. Grand amateur de musique, Maximilien-François a côtoyé Mozart à Vienne. On lui prête même l'intention de l'attirer à Bonn.

Décidé à suivre les brisées de Joseph II, il transforme en université la petite académie créée pendant le règne de son prédécesseur. Beethoven lui-même ira y écouter les cours sur la philosophie de Kant, en 1789. Les partisans des Lumières croient opportun de sortir maintenant de la semi-clandestinité à laquelle ils ont longtemps dû se borner. Neefe dissout la loge des Illuminés de Bavière pour la remplacer par une Société de lecture, ouverte à un auditoire élargi, qui propage les mêmes thèses des Lumières et les œuvres de la littérature moderne. La plupart des amis de Beethoven fréquentent la Société de lecture avec plus ou moins d'assiduité.

## Beethoven obtient son premier traitement à la cour de Bonn

Maximilien-François intervient directement dans la vie culturelle de la cour, de la même façon que son frère Joseph à Vienne. Il congédie la Société de théâtre et demande un rapport général sur la situation de son personnel en juin 1784. Johann van Beethoven y est décrit comme très pauvre et perdant sa voix, d'un comportement tout juste passable; son fils Ludwig, reconnu adroit en son art, a remplacé Lucchesi à l'orgue

pendant sa longue absence. Sa conduite est honorable, mais il n'est pas payé. En conséquence, le prince-archevêque diminue le traitement de Johann de quinze florins et en accorde cent cinquante par an à son fils, comme second organiste en titre.

Alors que Ludwig progresse avec bonheur dans la carrière musicale, le père de famille cède de plus en plus facilement à son penchant pour le vin. Un à un, ses élèves l'abandonnent. La vie à la maison devient pénible. Quand il peut échapper à cette ambiance, Ludwig se rend chez des amis, les Wegeler et les Breuning surtout, qui lui resteront fidèles jusqu'au dernier jour.

Maximilien-François veut à tout prix rehausser le niveau de la musique à la cour. Il décide d'envoyer Ludwig à Vienne, afin qu'il puisse parfaire sa

« Celui-là fera parler de soi! » aurait dit Mozart du jeune Ludwig.

A quatorze ans, Beethoven est officiellement titulaire d'un poste rétribué. En même temps qu'il entre dans la vie active, il découvre la mise en œuvre des principes des Lumières dans le gouvernement de Maximilien-François de Habsbourg, élu prince-archevêque en 1784.

formation auprès de Mozart. Vienne est, pour le jeune musicien, «le meilleur endroit du monde», comme l'écrivait Mozart lui-même six années auparavant. Les meilleurs maîtres, les meilleurs concerts et les meilleurs théâtres se trouvent là.

Le jeune homme n'est pas arrivé dans la capitale impériale depuis deux semaines, en avril 1787, que lui parvient de Bonn la nouvelle que sa mère est gravement malade. Il rentre, juste à temps pour voir Maria Magdalena s'éteindre, le 17 juillet.

A quelques mois de distance, Beethoven est suivi sur la route de Bonn par le jeune comte Ferdinand von Waldstein.

Le renom de Beethoven, dans ses jeunes années, est avant tout celui d'un improvisateur extraordinaire.

Membre de l'ordre des chevaliers teutoniques, passionné de musique et compositeur à ses heures, il a fréquenté Mozart à Vienne. Arrivé sur les bords du Rhin, il admire le talent de Ludwig lorsqu'il improvise au piano. Waldstein apporte à son nouvel ami la lumière de Vienne. Mais dans le même temps, Johann van Beethoven sombre dans la déchéance complète. Ludwig prend conscience qu'il est devenu le soutien de sa famille. En novembre 1789, il obtient par décret de l'Electeur d'assumer personnellement la fonction de chef de famille et de percevoir directement la moitié du traitement de son père.

Beethoven et son élève au piano Eleonore von Breuning, surnommée Lorchen (ci-contre), ne sont pas indifférents l'un à l'autre. «O puisse ton bonheur égaler tout à fait le mien! alors ce serait cette année atteindre au but suprême», écrit la jeune fille à son maître. Mais Eleonore épousera un ami commun, Wegeler, auquel Beethoven avouera en 1826 : «J'ai toujours la silhouette de la Lorchen; je te le dis pour que tu voies combien m'est cher tout l'amour et le bonheur de ma jeunesse.»

**Bonn donne de plus en plus l'impression de vouloir copier Vienne**

Pendant les saisons de 1789 et de 1790, on joue des opéras des compositeurs du moment les plus en vue au niveau européen, Grétry, Salieri, Benda, mais aussi les plus grands chefs-d'œuvre de Mozart : *L'Enlèvement au sérail, Les Noces de Figaro* et *Don Giovanni.*

En février 1790, la saison théâtrale doit pourtant

Vienne vit pour le théâtre. Le nouvel électeur voudrait qu'il en soit de même à Bonn. Sa programmation ne reprend que les œuvres qui ont déjà satisfait un public averti ailleurs. Ainsi, elle est de première qualité.

être interrompue pour le deuil de Joseph II. La Société de lecture de Neefe saisit l'occasion pour commander à Beethoven une «Cantate pour la mort de l'empereur Joseph II». Lui fera suite une autre cantate, pour l'accession de Léopold II au trône impérial, mais ni l'une ni l'autre ne seront jouées.

Au moins l'une des deux cantates écrites en 1790 est montrée à Joseph Haydn lorsqu'il passe à Bonn en 1792, en rentrant de son premier séjour à Londres. Maximilien-François accepte la proposition du vieux maître de prendre le jeune compositeur pour élève et le remet sur la route de Vienne au début de novembre 1792.

Avant le départ, le comte Waldstein a remis à Ludwig une liasse de lettres de recommandation pour ses amis et ses parents viennois. Dans la capitale impériale, où Mozart s'est éteint il y a moins d'un an, tout est musique. Quatre ou cinq orchestres et autant de théâtres se font concurrence. Le piano règne partout en maître. Les bonnes familles, nobles ou bourgeoises, cultivent la musique de chambre. Chaque année, la Société des musiciens donne un grand concert au profit de ses veuves et orphelins : presque tous les deux cents musiciens professionnels de la ville y participent; la musique, le théâtre et l'opéra parviennent presque à faire oublier aux Viennois que la guerre a commencé contre la France.

Le «Grand Magoul» – c'est ainsi que Joseph Haydn appelle son élève Beethoven – est un disciple exigeant et indépendant. Le maître, lui, n'est aucunement préparé à former un musicien qui sait déjà ce qu'il veut – et qui, somme toute, peut fort bien l'obtenir par lui-même.

En 1793, Beethoven prend ses quartiers chez le prince Karl Lichnowski, un parent éloigné du comte Waldstein et ami intime de feu Mozart. Le prince organise chez lui des séances de musique de chambre avec la participation de trois excellents musiciens, le violoniste Ignaz Schuppanzigh, l'altiste Franz Weiss et le violoncelliste Nikolaus Kraft. La musique de chambre domine ainsi toute la première production viennoise de Beethoven.

CHAPITRE II

# LA VOIE VERS L'ISOLEMENT

« Faire tout le bien qu'on peut, aimer la liberté par-dessus tout; et, quand ce serait devant un trône, ne jamais trahir la vérité! »
Beethoven, 1792

Les leçons avec Haydn ont commencé sans tarder, mais Beethoven souffre d'un manque de rigueur dans le travail du vieux maître. Il décide de prendre d'autres leçons, en secret, auprès de Johann Schenk, puis de l'organiste Albrechtsberger; Salieri l'initie gratuitement à la musique vocale et à la prosodie de l'italien.

Haydn s'offusque de la concurrence de Schenk et se montre critique au sujet des nouvelles compositions de son élève. Beethoven, lui, interprète ces remarques comme l'expression de la jalousie. Le contentieux s'alourdit quand Haydn adresse à Maximilien-François, comme preuve des progrès accomplis, des compositions écrites bien avant le départ de Bonn : l'Electeur les reconnaît et se fâche. En mars 1794, il cesse de payer les allocations d'étude de son protégé.

Beethoven n'est pas à court. Les salons se l'arrachent, comme ils s'arrachaient Mozart douze ans plus tôt. En plus, il donne beaucoup de leçons de piano; mais il lui faut maintenant penser à monter franchement sur la scène musicale : les salons ne sauraient suffire.

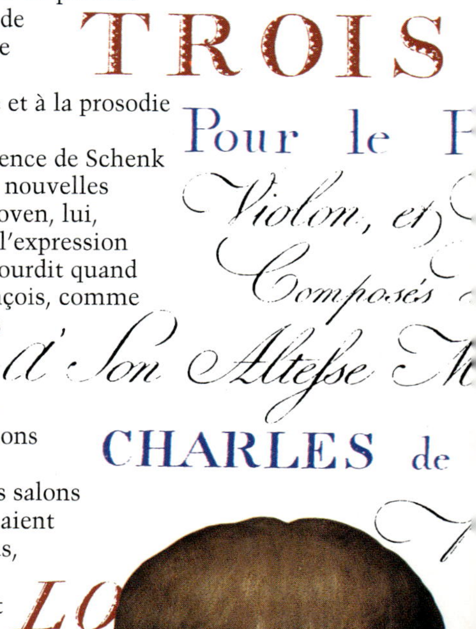

**Affronter le grand public**

En 1795, Beethoven, compositeur et interprète, se présente au public de Vienne. Il participe d'abord au grand concert de la Société des musiciens, le 29 mars, en jouant lui-même au piano un concerto de sa composition, sans doute une version primitive de celui qui est connu comme le deuxième, en si-bémol majeur.

Puis il négocie avec Artaria, le plus grand éditeur de musique de Vienne, la publication de ses *Trois Trios pour piano, violon*

ETHOVEN

*Oeuvre 1er*

*et violoncelle* (opus 1), mûris au cours des séances de musique de chambre chez le prince Lichnowski. Les amateurs accourent pour souscrire à l'édition des *Trois Trios.* Beethoven se produit toujours autant dans les salons, mais il lui arrive de n'être point d'humeur à s'asseoir devant le clavier. Alors, même les suppliques ne servent de rien. «Il est bon de côtoyer l'aristocratie, écrit-il à son ami le baron Nikolaus Zmeskall, mais il faut savoir aussi lui imposer.» Cela ne l'empêche pas de pourvoir les salons en pièces à danser pour petit orchestre.

Antonio Salieri (page de gauche) fit toute sa carrière à Vienne, où il eut pour élèves non seulement Beethoven, mais Schubert et Liszt. Ci-contre, l'éditeur de musique Artaria.

Toutes les œuvres de cette époque demandent un piano, la plupart sont même écrites pour piano seul. La pensée musicale de Beethoven reste intimement liée à son instrument, et le public n'attend guère autre chose de lui que de la virtuosité ou des œuvres qui la mettent en avant. Dans cet esprit, le piano domine de bout en bout le *Quintette en mi-bémol* (opus 16), véritable concerto où quatre instruments à vent se substituent à l'orchestre.

Cependant, le trio à cordes qui joue chez le prince Lichnowski lui fournit les premières occasions de s'affranchir du piano. Beethoven révise d'abord un essai de *Trio en mi-bémol* (opus 3) fait peu avant de quitter Bonn, puis il écrit une *Sérénade en ré* (opus 18, 1796) et *Trois Trios à cordes* (opus 9, 1797). Le dernier des trios, particulièrement réussi, laisse déjà pressentir le lyrisme des quatuors que Beethoven composera beaucoup plus tard, à l'extrême fin de sa vie.

Le jeune claveciniste de Bonn est devenu un musicien confirmé. Il est soutenu par une bonne poignée de mécènes

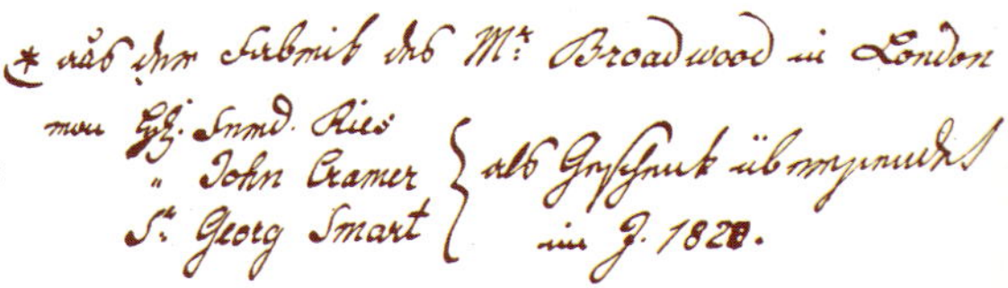


Pianiste célèbre dès ses premières années à Vienne, Beethoven reçut plusieurs instruments en hommage de facteurs ou de personnalités qui l'appréciaient. Le grand Broadwood (ci-dessus) lui fut offert juste avant sa mort par Ferdinand Ries, John Cramer et George Smart, tous les trois connus dans la vie musicale londonienne des années 1820. George Smart dirigea notamment la première exécution anglaise de la *Neuvième Symphonie.*

BEETHOFEN.
CONRAD
GRAF
WIEN

« Son jeu brûlait le pavé comme une cataracte écumant avec sauvagerie, et le prestidigitateur contraignait son instrument à une expression si forte que la structure la plus solide pouvait à peine y résister. Puis, il sombrait, épuisé, exhalant une douce plainte, pour se dissoudre dans la mélancolie. Et à nouveau l'esprit se redressait, triomphant des souffrances terrestres. »

Ignaz von Seyfried
*Souvenirs*, 1832

aristocratiques qui se mettent à son service plus qu'il ne se met au leur. Il connaît les années les plus heureuses de sa vie. La conquête de Vienne étant acquise, il songe à étendre son empire. Prague et Berlin l'applaudissent, tout en redoutant la violence et l'originalité de son jeu, aussi bien que l'étrangeté de ses idées.

Il est vrai qu'il ne cède pas à la débauche de pure virtuosité. Il ne saurait se suffire du grandiose un peu vide et du spectaculaire que cultivent ses collègues Gélinek et Wölfl, à l'instar de Clementi. L'ère des virtuoses s'est ouverte, mais Beethoven n'en veut rien connaître, sauf pour ce qui peut servir à ses intentions musicales.

## Compositeur, exclusivement compositeur...

De la même façon que Mozart dans les années 1780, Beethoven n'est plus maintenant que compositeur; tout l'indique, jusque dans son attitude de pianiste, sur scène, puisqu'il ne joue que ses propres œuvres, à moins qu'il n'improvise.

Certes, il ne cesse pas de donner des leçons de piano à de jeunes élèves de l'aristocratie ou de la riche

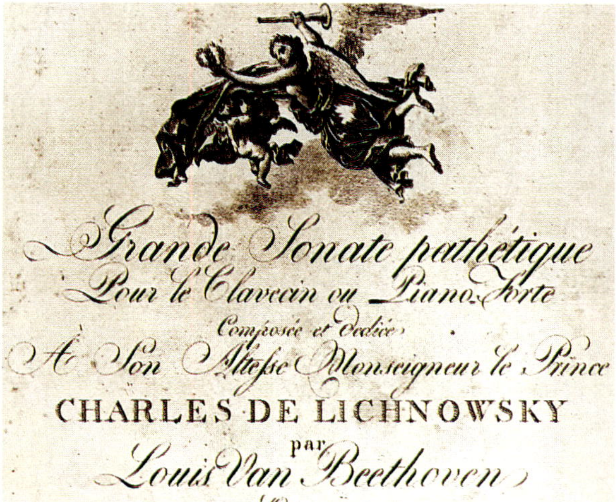

bourgeoisie viennoise, mais toute son activité vise en premier lieu à lui permettre de composer sans entraves. Levé au petit jour, il écrit jusque vers une heure de l'après-midi. Une bonne dizaine de sonates pour piano seul, dont la célèbre *Grande Sonate pathétique* (opus 13), *Six Quatuors à cordes* (opus 18) dédiés au prince Lobkowitz, des trios, des sonates en duo, un *Septuor pour vents et cordes* (opus 20) dont le succès ne se démentira pas, deux concertos pour piano et orchestre et une symphonie témoignent de son activité soutenue dans les six dernières années du XVIIIe siècle.

La force du geste beethovenien déroute déjà beaucoup de ses auditeurs. «Ce qui est singulier et original, souligne Jan Vaclav Tomaser dans son autobiographie (1845), semble être le but principal pour lui en matière de composition.» Ses improvisations au piano stupéfient les uns; elles fascinent les autres.

Beethoven imprime déjà la marque de sa personnalité à toute la musique qu'il compose. Les idées affluent dans un tumulte contrôlé à grand-peine. Elles provoquent de violentes oppositions dynamiques et rythmiques, et elles dilatent le cadre des œuvres : Beethoven a besoin d'espace pour calmer son angoisse de n'avoir pas tout dit. Il semble aussi vouloir saisir chaque occasion de faire autrement et plus que ce que l'on attend. Au lieu d'aller directement à l'essentiel, il goûte les caprices de son imagination et les trouvailles excentriques. Par bonheur, son sens du contraste lui permet d'échapper dans tous les cas au disparate qui pourrait naître de cette attitude. Haydn a l'impression que son ancien élève ne cesse d'improviser ou d'écrire des fantaisies. Il ne le suit plus.

## Beethoven change le fondement même de la musique

Jadis, le temps la dominait : mesure et mélodie, pulsation métrique et pulsation rythmique ne faisaient qu'un. Mozart réussit à se libérer de cette emprise du temps en y associant l'espace, c'est-à-dire en accordant à la hauteur des notes et des instruments une importance jusque-là ignorée : le couple espace-temps, c'est-à-dire le mouvement, féconde ses œuvres. Au moment où il disparaît, les compositeurs de la Révolution française, Gossec en tête avec la *Marche lugubre* (1792), abandonnent le principe du développement des thèmes. Ils tendent à construire leur musique à partir de motifs autonomes, qui ne sont pas liés directement les uns aux autres. Ils deviennent des gestes.

Beethoven suit cette évolution, mais il refuse le principe des auteurs révolutionnaires selon lequel la simple juxtaposition de gestes contrastés suffit à créer la forme de l'œuvre. Il préfère varier les gestes, les retoucher, en accentuer l'un après l'autre tous les traits, les soumettre à des éclairages différents et les faire entrer en conflit avec d'autres, jusqu'à produire le sentiment du développement.

Au contraire de l'action, le geste ignore les entraves extérieures; il est pur et absolu comme un

«Puisse un travail assidu vous faire recevoir l'esprit de Mozart des mains mêmes de Haydn», écrivait le comte Waldstein à Beethoven, en 1792, au moment où le jeune musicien reprit la route de Vienne.

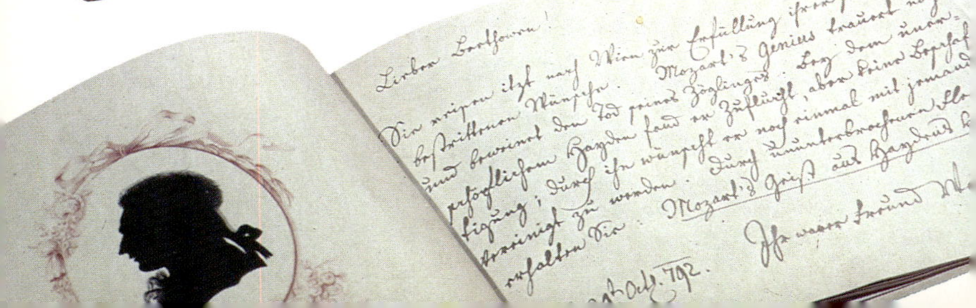

impératif kantien. Le tout début de la *Grande Sonate pathétique* est un geste. Il s'affirme de soi-même et les développements qu'il connaît dans la suite de l'œuvre ne rendent compte ni d'une histoire, ni d'une action. Solitaire, ce geste de marche idéalisée est pathétique par la force avec laquelle il s'impose dans la traversée d'états d'âme en conflit. Il se veut le symbole de la lutte de l'Humanité contre son destin.

“ Dans la musique comme dans la peinture et même dans la parole écrite, qui est cependant le plus positif des arts, il y a toujours une lacune complétée par l'imagination de l'auditeur.”

Baudelaire, 1861

## Le destin frappe à la porte de Beethoven

Il sent qu'il perd l'ouïe. Les premiers troubles sont apparus en 1794. A l'extrême fin du siècle, ses facultés auditives ont tellement baissé que Beethoven commence à fuir la société. Il lui semble impossible qu'un musicien déclare être sourd.

En 1801, il n'entend plus les sons aigus des instruments et des voix. Il lui faut se coller à la scène pour suivre une pièce de théâtre et ses oreilles bourdonnent jusque dans la nuit. Pourtant, il affirme que son mal ne le gêne guère quand il compose ou quand il joue. Il envisage même d'entreprendre des tournées de concerts.

Comme il évite de parler aux gens et qu'il n'entend pas lorsque quelqu'un l'interpelle d'un peu loin, il passe pour bourru, voire pour misanthrope. Ajoutée à la perte de l'ouïe, cette dégradation de son rapport à la société le plonge dans de brusques périodes de dépression.

Alors qu'il séjourne dans le village de Heiligenstadt, les 6 et 10 octobre 1802, les idées suicidaires se heurtent avec une telle violence dans son esprit qu'il prend la plume pour les exprimer ouvertement à l'adresse de ses frères. C'est le fameux «Testament de Heiligenstadt».

Il résiste pourtant, grâce à la volonté de travailler avec acharnement. «Je veux braver le destin», a-t-il écrit à un ami, dès juin 1801, alors qu'il s'est enfin décidé à révéler son secret à quelques personnes. Marquée par la hantise de la mort et du suicide, la musique de cette période revêt souvent un aspect lugubre. Parfois

“ Car ton Beethoven vit très malheureux, en lutte avec la nature et le Créateur; j'ai déjà souvent maudit ce dernier, de livrer ses créatures au moindre hasard, de telle sorte que la plus belle floraison en est exterminée et broyée. Sache que la plus noble partie de moi-même, mon ouïe, s'est beaucoup affaiblie. Déjà à l'époque où tu étais près de moi, j'en sentais les symptômes, et je les cachais; depuis, cela a toujours été pire. Si cela pourra jamais être guéri? – il faut attendre; cela doit tenir à l'état de mon intestin. Pour celui-ci, je suis presque tout à fait rétabli; mais les oreilles se guériront-elles? Je l'espère, bien sûr, mais timidement, car de telles affections sont les plus incurables. Quelle triste vie est maintenant la mienne...! ”

Lettre à Amenda, juin 1801

même, un mouvement complet s'y soumet. C'est bien une marche funèbre qui termine la *Sonate en la-bémol* (opus 26, 1801) et Beethoven précise qu'il l'a voulue «sur la mort d'un héros» – qui n'est probablement personne d'autre que lui-même. Par bonheur, il reçoit plus de commandes qu'il n'en peut exécuter, de sorte qu'il compense par le travail la tragédie qu'il vit en son for intérieur. Les éditeurs se disputent la première de ses œuvres, et les lui achètent sans discuter, au prix qu'il en demande.

A partir de 1800, le prince Lichnowski lui verse en plus une pension annuelle de six cents florins, destinée à lui permettre de se vouer à la composition. Les trois premières années du XIXe siècle voient ainsi naître une *Deuxième Symphonie*, un *Troisième Concerto pour piano et orchestre*, six sonates pour piano et violon (opus 23, 24, 30 et 47), sept sonates pour piano seul (opus 26, 27, 28 et 31), un ballet *(Les Créatures de Prométhée)* et un oratorio *(Le Christ au mont des Oliviers)*. Toute cette musique gagne en force et en concentration.

Heiligenstadt est l'un de ces lieux champêtres à la Rousseau que Beethoven aimera toute sa vie pour leur sérénité et leur paix. Tout d'abord, il y travaille : la *Deuxième Symphonie* est sur la table et Ries vient de Vienne prendre des leçons. Mais dès la fin de l'été, il n'entend plus un berger jouer de la flûte dans les bois...

L'art de Beethoven profite de la douloureuse expérience que la vie lui impose. Comme elle, il prend une tournure héroïque.

## Amour, quand tu me tiens!

En mai 1789, le baron Zmeskall a introduit Beethoven chez la famille Brunsvik, sous le prétexte que les jeunes comtesses ont besoin d'un bon maître de piano. Entre les conseils sur le jeu au clavier se tisse un réseau de regards tendres, de soupirs langoureux, de demi-phrases et de messages qui trahissent sans ne rien dire.

Thérèse, la plus âgée des élèves, a vingt-quatre ans; elle brille par son intelligence et sa culture, par son idéalisme aussi, mais point par sa beauté. Plus inquiète de caractère et plus jeune de quatre ans, sa sœur Joséphine épouse contre son gré, en juin 1799, le vieux comte Deym, qui ne fera jamais obstacle aux visites presque quotidiennes de Beethoven.

Mais c'est la fraîche beauté de leur cousine Giulietta Guicciardi qui bouleverse Beethoven. «Elle m'aime et je l'aime, écrit-il à un ami en novembre 1801; depuis deux ans, j'ai connu à nouveau quelques instants de félicité et c'est la première fois que j'ai le sentiment que le mariage peut rendre quelqu'un heureux; hélas! elle n'est pas de ma condition et, pour le moment, je ne peux vraiment pas me marier.»

A défaut de mariage, il dédie à Giulietta la seconde *Sonata quasi una fantasia* (opus 27 n° 2, dite «Sonate au clair de lune»). Mais Giulietta est promise au comte Gallenberg. Mariés en novembre 1803, ils partent pour Naples, où Gallenberg est appelé comme directeur des ballets du roi.

Les amis de Beethoven disent qu'ils ne l'ont jamais vu sans un amour en tête. Il cherche toute sa vie l'âme sœur mais le mariage ne sera jamais possible.

Ce médaillon sur ivoire représentant une jeune fille se trouvait dans les papiers de Beethoven à sa mort. S'agissait-il de Giulietta Guicciardi ou de la dernière des sœurs Brunsvik, Charlotte?

“ Pour toi, il n'est plus de bonheur, hormis en toi-même, par ton art. Oh Dieu! donne-moi la force de me vaincre! Rien, désormais, ne doit plus m'enchaîner à la vie. De cette façon, tout est fini avec A.”

Beethoven, 1812

Au sujet de l'«immortelle bien-aimée», les hypothèses ont tourné principalement autour de Giuletta Guicciardi et de ses cousines, les Brunsvik, mais aussi de la cantatrice berlinoise Amalie Sebald (ci-contre), d'Antonia et de Bettina Brentano. Rien ne permet d'être affirmatif. En revanche, il est certain que presque toutes ont suscité chez Beethoven, à différentes époques de sa vie de violents sentiments d'amour.

Moins de trois mois plus tard, le comte Deym meurt, laissant Joséphine dans l'attente d'un quatrième enfant. Beethoven redouble d'assiduité auprès d'elle, mais la jeune veuve se sent avant tout liée par les devoirs maternels. Il insiste. Elle lui répond au début de 1805 : «Un sentiment inexprimable qui gît au fond de mon âme m'a fait vous aimer. Avant que je vous aie connu, votre musique me transportait d'enthousiasme pour vous. Votre bonté de caractère et votre penchant pour moi ont fait le reste. La préférence que vous m'avez accordée, le plaisir de votre fréquentation auraient pu être le plus beau joyau de ma vie si vous m'aimiez de façon moins sensuelle. Ne vitupérez pas contre moi si je ne puis répondre à cet amour sensuel. Il me faudrait rompre des liens sacrés si je vous écoutais. Croyez bien que je souffre le plus à remplir mes devoirs et que mes actions sont certainement guidées par des intentions nobles.»

«J'étais bien aimé d'elle et plus que jamais ne le fut son époux», aurait dit Beethoven à son premier biographe, Schindler, au sujet de Giulietta Guicciardi. La rupture, avant le mariage de la belle, fut un choc pour lui. Peu après, séjournant à Vienne, Giulietta chercha à retrouver Beethoven. «Mais je la méprisais, dit-il à Schindler. Si j'avais ainsi voulu sacrifier ma force vitale, que serait-il resté pour le noble, pour le meilleur ?»

## En 1803, Beethoven est un compositeur en vue

Les éditeurs s'arrachent ses œuvres. L'estime dans laquelle on le tient se limite pourtant à la musique de chambre ou pour piano seul. Point d'opéra, point d'oratorio. Et les rares pièces qu'il a écrites dans le genre symphonique et concertant ne se sont pas imposées. Mozart et Haydn continuent de régner en maîtres absolus dans le monde du concert avec orchestre et sur la scène lyrique. Là aussi, Beethoven doit pourtant s'imposer.

Le poète Ludwig Rellstab voyait dans la *Sonata quasi una fantasis*, opus 27, n° 2, «une barque au clair de lune sur le lac des Quatre-Cantons» – ce qui valut à l'œuvre le surnom de «Sonate au clair de lune». L'image est douteuse, mais elle aura la vie dure!

C'est Emanuel Schikaneder qui va donner à Beethoven l'occasion de se révéler sur la scène symphonique et lyrique. Douze ans plus tôt, il a créé le dernier opéra de Mozart dans un théâtre de faubourg, grâce à quoi il a réussi à faire venir jusque-là toute la crème du public viennois. Avec l'aide d'un riche marchand, il vient de transformer son théâtre en une somptueuse salle au décor bleu et argent. Un plan elliptique permet à chacun des six mille spectateurs d'admirer confortablement une scène d'une largeur inhabituelle.

# CHAPITRE III
# ATOUT ORCHESTRE

« Ce que vous jette Beethoven est infini. »
Balzac,
*Lettre à l'Etrangère*,
10 mai 1834

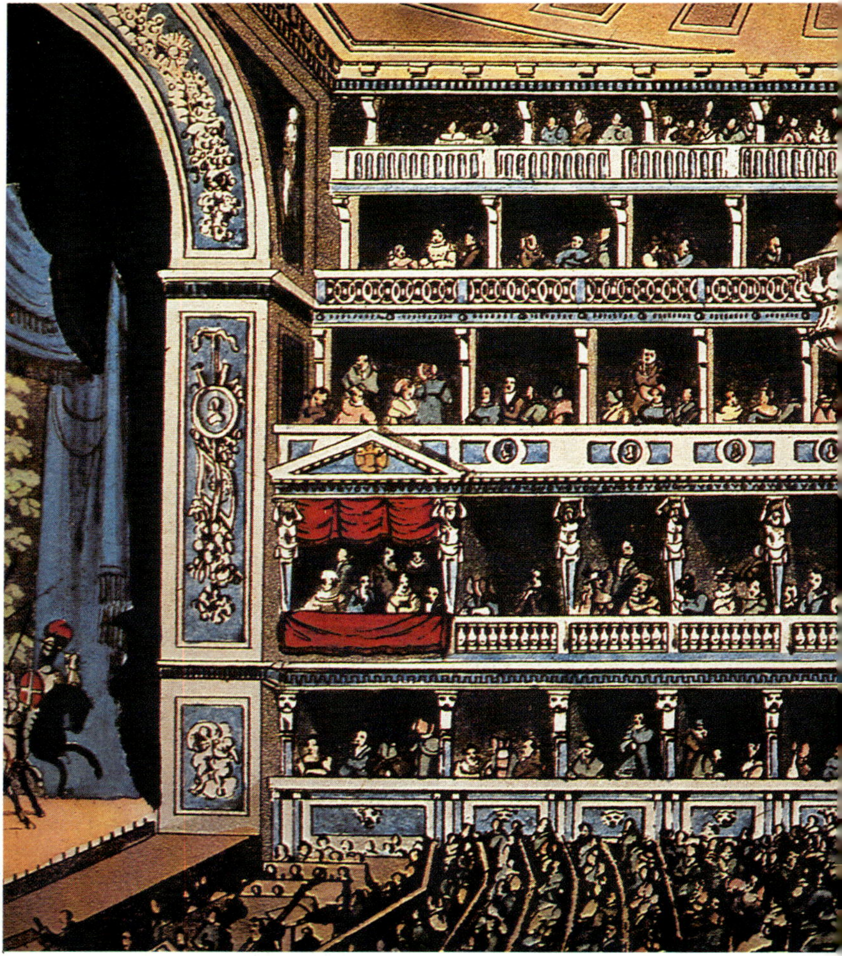

Beethoven est l'homme de l'heure. Toute la noblesse et la riche bourgeoisie suivent depuis des années sa production de musique de chambre. Une affiche d'opéra qui portera son nom attirera ce public sélect, qui ne fréquente d'ordinaire que les théâtres officiels de la cour. Schikaneder n'en doute pas. Il signe avec Beethoven un contrat pour un grand opéra, *Le Feu de Vesta,* dont il rédigera lui-même le livret.

Le Theater an der Wien créa *Fidelio* le 20 novembre 1805, la *Troisième Symphonie* le 7 avril 1805, le *Concerto de violon* le 23 décembre 1806 et la *Sixième Symphonie* le 22 décembre 1808.

## Il faut tout d'abord asseoir le nom de Beethoven dans le domaine symphonique et vocal

Schikaneder lui propose un grand concert où, pour la première fois, seulement des œuvres de sa composition seront jouées. La date en est arrêtée au 5 avril 1803. Au programme, Beethoven inscrit ses deux symphonies, son tout nouveau *Concerto de piano en ut mineur* (n° 3) et diverses pièces vocales. En hâte, il met en musique un court oratorio, *Le Christ au mont des Oliviers,* qui doit faire la preuve de ses talents dans la perspective d'un opéra.

Le matin du concert, on commence la répétition générale à huit heures. Le programme est tellement long – il ne sera d'ailleurs pas donné en entier – qu'à deux heures et demie tout le monde est exténué sans être satisfait du résultat. Le prince Lichnowski rétablit la bonne humeur en faisant apporter de grands paniers de pain, de beurre, de viandes froides et de vin, après quoi il réclame une nouvelle répétition de l'oratorio.

A six heures, le théâtre est bien rempli. L'orchestre joue avec brio et, paradoxalement, c'est Beethoven lui-même qui déçoit l'auditoire dans le concerto. Un critique grincheux ne manquera pas de trouver aussi à redire sur le peu d'expressivité, voire la superficialité de l'oratorio, mais le public, pour sa part, l'accueille avec joie.

Emanuel Schikaneder, personnage haut en couleur, fut à son heure un acteur de grand talent, notamment dans le rôle de Hamlet.

« Ce Kreutzer est un homme bon, charmant, que j'ai bien du plaisir à voir lors de son séjour ici. Sa simplicité et son naturel me sont plus agréables que tout l'«extérieur» et l'«intérieur» de la plupart des virtuoses. »
Beethoven

## Beethoven a désormais la conviction que son succès passe par l'opéra et la symphonie

Comme à son habitude, il mène plusieurs projets de front : une symphonie déjà bien avancée, le grand opéra pour Schikaneder, une sonate pour piano et, dans l'immédiat, la *Sonate en la pour piano et violon* (opus 47), sorte de concerto de violon où le piano remplace l'orchestre.

Malgré les projets en voie de réalisation, Beethoven se sent à l'étroit dans

la capitale des Habsbourg : «Pensez que tout le monde autour de moi possède un emploi et sait exactement de quoi il vit; mais, mon Dieu, où place-t-on un petit talent comme le mien à la cour impériale?»

Il songe à entreprendre le voyage de Paris, une fois qu'il aura terminé son opéra. Lichnowski devrait l'accompagner, les relations sur place ne manquent pas. Pour les consolider, il dédie à Rodolphe Kreutzer, «le premier violoniste de Paris», sa dernière sonate en duo. C'est pour cette raison qu'on appelle communément l'opus 47 la «Sonate à Kreutzer». La prochaine symphonie, elle, sera un hommage à Bonaparte; d'ailleurs, il ne veut pas la faire jouer à Vienne avant de partir. Comme beaucoup de ses amis, Beethoven voit dans le Premier consul l'homme qui a su libérer la France de la tourmente révolutionnaire sans rien gâcher de l'idéal démocratique. En août 1804, la symphonie est

La *Sonate pour piano et violon*, opus 47, constituera l'ébauche de la Sonate opus 53 dédiée au comte Waldstein. Il semble pourtant que Kreutzer ne joua jamais «sa» sonate.

achevée. Mais à la fin de l'automne, quand Ries et Lichnowski lui apprennent que Bonaparte va se faire sacrer Empereur des Français, il s'écrie : «Ce n'est donc qu'un homme ordinaire ! Il va fouler aux pieds tous les droits des hommes et son ambition fera de lui le plus grand des tyrans.» Là-dessus, il raie le nom de Bonaparte sur la page de titre de son manuscrit.

## Impériale, la *Troisième Symphonie* le sera par son ampleur plus que par son titre

Le style vers lequel tendaient toutes les œuvres depuis presque dix ans parvient ici à son accomplissement. A sa manière, Beethoven a franchi le Simplon que Bonaparte ne pourra jamais passer : dès l'exposition de l'*Allegro con brio* initial, chaque moment semble vouloir se déployer de façon autonome et découvrir lui-même un nouvel horizon, de la même façon que chaque détour dans l'ascension du col alpin révèle un autre sommet qui scintille sous les reflets du soleil. Plus rien n'est prévisible, car la musique se transforme en un développement continu. Le nouveau titre choisi par Beethoven, *Symphonie héroïque,* décrit peut-être plus le caractère de l'œuvre que son sujet. Héroïque, en tout cas, c'est le style lui-même qui l'est devenu.

Entre-temps, le projet sur *Le Feu de Vesta* est tombé aux oubliettes. Après que Beethoven en a mis en musique une scène entière, Schikaneder a été contraint de quitter la direction du théâtre. Le contrat

Bonaparte porta la couronne d'impératrice sur la tête de Joséphine. Le tableau de David, centré sur le *geste,* répond à la même esthétique que la musique de Beethoven. Mais l'acte de Bonaparte déplaît au compositeur. S'il prend la couronne, Beethoven lui retirera sa *Symphonie héroïque.*

d'opéra est tout de même renouvelé, mais Beethoven en profite pour proposer un autre sujet, *Léonore ou l'Amour conjugal,* de Jean-Nicolas Bouilly.

Il consacre une bonne partie de 1804 et de 1805 à ce drame lyrique, qui prendra le titre de *Fidelio* lors de sa création, en novembre 1805. Parallèlement, il achève le *Triple Concerto pour piano, violon et violoncelle,* ainsi que trois sonates pour piano seul (opus 53, 54 et 57).

## Une révolution du timbre

Dédiée au comte Waldstein, la *Sonate en ut* (opus 53, dite «Aurore») est aussi révolutionnaire pour le piano que l'était la *Symphonie héroïque* pour l'orchestre. Beethoven exige de l'instrument presque toutes les notes dont il dispose lui-même sur le splendide clavier du piano que Sébastien Erard lui a envoyé de Paris, en 1803. Le tout début de la sonate exploite déjà le contraste entre les extrêmes, grave et aigu. Un battement rapide de l'accord d'ut majeur gronde dans le bas du clavier. Bruit ou musique? On ne sait encore quand, de cet univers lointain et chaotique, s'échappe, dans les aigus, comme un rayon de lumière. Et ce rayon finit par éclairer toute l'œuvre.

A l'opposé de cette exubérance, la *Sonate en fa mineur* (opus 57, dite

Au lieu des jeux traditionnels de trois cordes par note, le piano construit par Conrad Graf pour Beethoven possède des jeux de quatre cordes, donnant une sonorité plus puissante. On a longtemps cru que Graf avait augmenté les cordes pour compenser la surdité du compositeur. En fait, il avait construit d'autres pianos sur ce modèle avant celui-ci.

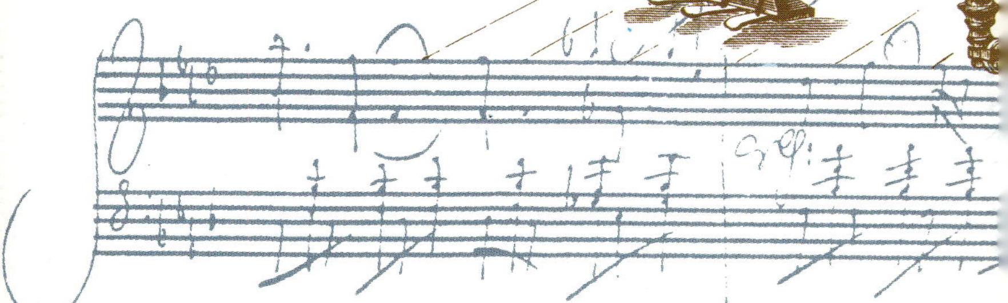

« Au cours d'une promenade pendant laquelle nous nous étions égarés au point de ne rentrer qu'à huit heures à Döbling, Beethoven avait fredonné pendant tout le chemin et parfois s'était mis à hurler sur tous les tons sans pourtant chanter, se souvient Ries. En rentrant il se mit au finale de la *Sonate en fa mineur.* » (Ci-dessous un passage du premier mouvement.)

«Appassionata») erre dans les recoins les plus intimes du paysage beethovenien. Inquiétude, tourment, violence et ténacité : la main droite monte encore plus haut que dans la sonate en ut, jusqu'au do. Et à la fin de l'œuvre, elle se complaît à répéter cette note culminante dans une avalanche de doubles croches, avant que la main gauche n'enfouisse le tout dans une profondeur caverneuse. Jusqu'à Beethoven, l'intensité, la puissance expressive étaient pour ainsi dire comprises dans la fonction harmonique. Avec Mozart, elle avait commencé à s'en dégager. C'est vraiment Beethoven qui lui a conféré cette autonomie absolue, en en faisant une véritable dimension du langage.

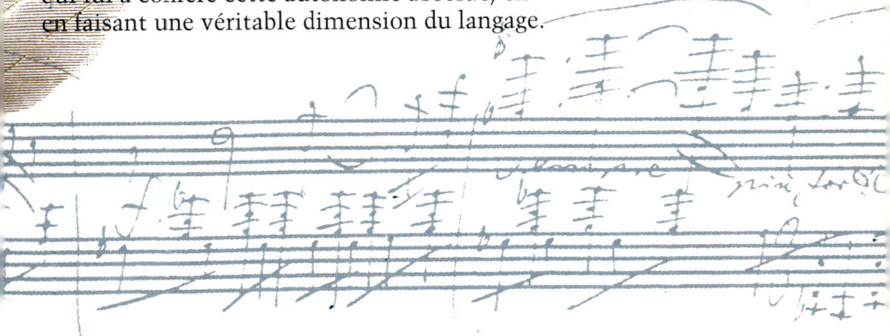

„FIDELIO"
Véritable Extrait
EXTRAC
THE LIE
by the Di
GENER

**Scènes de Fidelio**

Ci-contre : Léonore déguisée en jeune homme sous le nom de Fidelio, s'interpose au moment où Pizarro, le gouverneur tyrannique, veut tuer Florestan, son mari (quatuor, n° 16 de la version de 1806).

Page 58 en haut : Rocco, le geôlier de Florestan, constate l'amour de Marzelline, sa fille, pour Fidelio, qu'il vient d'engager à son côté (quatuor en canon, n° 4 de la version de 1806).

Même page en bas : Pizarro est décidé à assouvir son désir de vengeance contre Florestan (air avec chœur, n° 6 de la version de 1806).

Page 59 en haut : Pizarro ordonne à Rocco de creuser en hâte la tombe de Florestan (duo, n° 7 de la version de 1806)..

Même page en bas : après que Florestan, qui n'a pas été nourri pendant deux jours, a reçu un peu de vin de Rocco, le cœur de Léonore bat de joie parce qu'il a repris quelque force, et d'angoisse, à l'idée que sa tombe est déjà prête.

Rocco: „Sie liebt ihn, es ist klar. Ja, Mädchen, er wird dein."

Pizarro: „Die Rache werd' ich kühlen."

Pizarro: „Du gräbst in der Cisterne, sehr schnell für ihn ein Grab."

Leonore: „Wie heftig pochet mir das Herz."

## Novembre 1805 : l'heure est venue pour la création de *Fidelio*

Le prince Lichnowski, jadis ami de Mozart, offrit à Beethoven non seulement le logis et le couvert, mais un serviteur et, en 1800, un splendide quatuor d'instruments à cordes.

Le contexte n'est guère favorable à l'opéra : pour la première fois depuis le siège ottoman de 1686, les Viennois menacés par l'armée de Napoléon se rendent aux spectacles sans y avoir le cœur; le travail de préparation et de répétition dans les théâtres est bâclé, quand encore les acteurs n'ont pas quitté la ville; pour Beethoven, les réticences du public lors de l'audition de la *Symphonie héroïque* en avril ne présagent rien de bon. Les premières représentations de *Fidelio* échouent. Beethoven s'attelle aussitôt à une révision de son opéra, qui est donné sans plus de succès à la fin de mars 1806.

Un retour à la musique instrumentale s'impose. Là, tout le monde s'accorde à dire que Beethoven excelle. Coup sur coup, il écrit les *Trois Quatuors* dédiés au prince Razoumovski (opus 59), la *Quatrième Symphonie* et le *Concerto pour violon et orchestre en ré majeur.* On dirait que la surdité marque le pas depuis quelque temps. Beethoven chante même en travaillant au piano et il lui arrive d'accepter de jouer en public.

## «Il n'y a qu'un Beethoven»

Un soir d'octobre 1806, alors qu'il séjourne au château du prince Lichnowski, près d'Ostrava, et que son hôte a promis aux occupants français de leur faire entendre Beethoven au piano, l'artiste s'est esquivé. Il ne veut pas jouer – surtout pas devant des officiers de l'armée napoléonienne. Le prince insiste. Beethoven s'irrite et finit par fuir le château à pied, par une pluie battante.

Il passe la nuit dans une bourgade voisine. Le lendemain, avant de rentrer à Vienne, il écrit à Lichnowski : «Prince! Ce que vous êtes, vous l'êtes par hasard et par naissance. Ce que je suis, je le suis par moi-même. Il y a eu et il y aura encore des milliers de princes. Il n'y a qu'un Beethoven.»

Malheureusement pour Beethoven, il existe beaucoup plus de princes ordinaires que de Karl Lichnowski. Le coup de sang d'octobre 1806 signifie la rupture. Il fait perdre au compositeur une rente de six cents florins et, ce qui est plus grave, son ami le plus sûr, dont le dévouement n'a failli jusque-là en aucune circonstance.

A propos de la brouille tonitruante entre Beethoven et le prince Lichnowski : «Beethoven avait empoigné une chaise et allait la briser sur la tête du prince Lichnowski, qui avait fait enfoncer la porte de la chambre où Beethoven s'était verrouillé. Heureusement, Oppersdorf se jeta entre eux».

Ries à Wegeler, 28 décembre 1837

Beethoven a maintenant quelques raisons de s'inquiéter au sujet de son existence matérielle. Le faible écho de ses dernières œuvres parmi le public de Vienne ne lui permet pas d'espérer remplacer la rente de Lichnowski par le produit de concerts plus nombreux. D'ailleurs, la première exécution du *Concerto pour violon et orchestre,* le 23 décembre, ne séduit pas l'auditoire.

# CHAPITRE IV
# VERS LA VICTOIRE

“ Je ne peux donc chercher un point d'appui qu'au plus profond, au plus intime de mon être; ainsi, à l'extérieur, il n'y en a absolument aucun pour moi. Non, rien que des blessures pour moi dans l'amitié et les sentiments du même genre.”

Beethoven, mai 1810

Au début de 1807, le prince Lobkowitz tente de parer au plus pressé en organisant tout de même dans son palais deux concerts exclusivement consacrés à Beethoven. On y joue l'ouverture de *Coriolan,*

Baden, petite ville d'eaux à une trentaine de kilomètres de Vienne, est l'un des lieux de séjour préférés de Beethoven.

fraîchement achevée, un concerto de piano, quelques pages de *Fidelio* et les quatre symphonies. La puissance expressive de l'ouverture emporte à elle seule tous les suffrages.

Beethoven compte aussi augmenter ses revenus en essayant de faire paraître ses œuvres simultanément dans les grands centres européens de l'édition musicale. A Vienne, avec le Bureau d'arts et d'industrie, et à Leipzig, avec Breitkopf & Härtel, la collaboration est déjà bien avancée. En revanche, les tractations avec Pleyel, à Paris, n'aboutissent à rien.

Pour Londres, c'est l'aubaine : l'éditeur et pianiste-compositeur Clementi séjourne justement à Vienne en ce début de printemps 1807. Beethoven lui sourit jusqu'aux dents.

## Les bonnes affaires de Clementi

Clementi ne manque pas d'en profiter. Le 20 avril, après avoir dûment loué certaines œuvres de son collègue, il lui demande s'il a déjà un éditeur londonien.

Paralysé depuis l'enfance, le prince Lobkowitz a remplacé les aventures de chasse ou de guerre par les arts et la musique : il entretient un orchestre dans son palais (page de gauche).

«Non, répond Beethoven.
– Alors vous pourriez me donner la préférence?
– De tout cœur!
– Tope là! Qu'avez-vous de prêt?
– Je vais vous apporter une liste.»

Beethoven revient avec tous ses manuscrits récents sous le bras. Clementi choisit dans le lot une symphonie, l'ouverture de *Coriolan*, le *Concerto de violon*, le *Troisième Concerto de piano* et les *Trois Quatuors* dédiés au prince Razoumovsky. Pour quelque deux mille florins, il acquiert l'exclusivité sur ces œuvres dans tous les domaines de la couronne britannique et l'assurance de recevoir en plus un arrangement pour piano et orchestre du *Concerto de violon*.

Comme à son habitude, Beethoven va passer la belle saison hors de Vienne, à Baden et à Heiligenstadt. Là, il travaille à ses deux prochaines symphonies et à une messe que le prince Esterhazy lui a commandée pour la fête de sa femme, le 13 septembre. C'est la première fois que Beethoven aborde le répertoire d'église, mais le résultat ne convainc malheureusement pas le prince et ses invités. On trouve un tantinet frivole d'avoir abandonné le «style sérieux» (fugué) dans un genre où la tradition l'impose.

Beethoven, à la différence de Mozart, tenait le pianiste et pédagogue Muzio Clementi en grande estime. Il possédait toutes ses sonates, une centaine, et il les prescrivait volontiers pour l'éducation musicale de son neveu. Pour cette raison, peut-être aussi pour d'autres, des dissensions apparurent entre Beethoven et Carl Crenny, le professeur de piano de son neveu.

## Candidature à la Beethoven

Esterhazy vient en outre d'entrer dans le comité qui assiste désormais la direction des théâtres de la cour. Membre lui aussi de cet aréopage, le prince Lobkowitz suggère à Beethoven de poser sa candidature à une fonction stable pour l'opéra.

Il s'exécute à sa manière : «Le soussigné ayant toujours pris pour guide dans sa carrière, non le gagne-pain, mais plutôt l'intérêt de l'art,

“Que je suis content dès que je peux errer dans les taillis, dans les forêts, parmi les arbres, les rochers! Aucun homme ne saurait aimer la campagne autant que moi.”
Beethoven, 1808

l'anoblissement du goût et l'essor de son génie vers l'idéal le plus élevé et la perfection, il devait forcément sacrifier souvent à la Muse son gain et ses intérêts.»

Il poursuit en faisant valoir que son renom à l'étranger pourrait bien le conduire à quitter Vienne, mais qu'il regarde cette ville comme «plus digne que toute autre de son estime et de ses vœux». Enfin, il soumet ses deux propositions :

«1° Il s'oblige et engage à composer au moins un grand opéra par an. [...] En échange, il demande un traitement fixe annuel de deux mille quatre cents florins, ainsi que le bénéfice de la recette à la troisième représentation de chacun de ses opéras.

2° Il s'oblige à livrer tous les ans et gratis une petite opérette ou un divertissement, des chœurs, des «morceaux de circonstance», pourvu qu'il puisse donner à son bénéfice un concert annuel dans l'un des théâtres de la cour.»

Naturellement, aucune réponse ne lui est faite. Cette fois, Beethoven songe pour de bon à quitter la capitale des Habsbourg. Il passe l'hiver à terminer une *Sonate en la pour piano et violoncelle* (opus 69) et surtout, la *Cinquième Symphonie.* Peu après, sous le ciel de Heiligenstadt, il achève aussi la *Symphonie pastorale* (n° 6). Rentré à Vienne, il compose encore *Deux Trios*

«La femme du prince Esterhazy passe sa vie à chercher à le consoler de son bonheur et lui-même ne néglige rien pour se distraire», relate la baronne du Montet. En 1807, Esterhazy (ci-dessous) commanda à Beethoven une messe pour l'anniversaire de la princesse. Elle n'eut pas l'heur de lui plaire. Finalement, Beethoven en dédia l'édition de 1812 au prince Kinsky. Il était coutumier de ce genre de revirements quand ses œuvres étaient mal accueillies ou quand les relations avec les dédicataires s'étaient dégradées.

*avec piano* (opus 70) et la *Fantaisie pour piano, orchestre et chœur* (opus 80). Les trois œuvres symphoniques de l'année, ainsi que le *Quatrième Concerto de piano*, des extraits de la *Messe en ré majeur* et la *Fantaisie pour piano, orchestre et chœur*, sont inscrites au programme d'un grand concert qu'il donne à son bénéfice le 22 décembre.

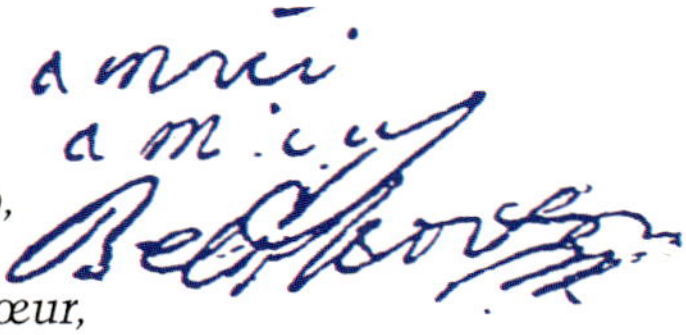

## Faut-il abandonner Vienne ?

Dans son esprit, il fait ses adieux à Vienne, car Jérôme Bonaparte vient de le prendre comme maître de chapelle à la cour de Cassel. Heureusement pour Beethoven, il ne partira jamais pour Cassel composer des marches tambourinantes et employer son faible sens diplomatique à lutter contre les chanteurs, les musiciens et la bureaucratie à la française.

« Comme il est démontré [...] que l'homme ne peut entièrement se vouer à son art qu'à la condition d'être libre de tout souci matériel, et que ce n'est qu'alors seulement qu'il peut produire ces œuvres grandes et élevées qui sont la gloire de l'art, les soussignés ont formé la résolution de mettre M. Louis Van Beethoven à l'abri du besoin. »

Décret des princes, 1er mars 1809

D'ailleurs, a-t-il bien envie de quitter la proie pour l'ombre? Ne s'agit-il pas plutôt de susciter une réaction conservatrice là où il est?

Ses admirateurs à Vienne, en tête la comtesse Maria Erdödy et le comte Ignaz Gleichenstein, lancent un appel à l'aristocratie afin que le maître ne leur échappe pas et qu'il trouve sur place les moyens de se vouer entièrement à son art.

Trois dignitaires de l'Empire apportent une réponse. Conjointement, ils verseront pendant toute sa vie à Beethoven une rente annuelle de quatre mille florins. Le prince Lobkowitz, toujours lui, s'engage pour sept cents florins, son beau-père le prince Kinsky pour mille huit cents et l'archiduc Rodolphe de Habsbourg, depuis quelque temps déjà élève de Beethoven au piano et en composition, pour mille sept cents florins. En échange, le bénéficiaire s'engage uniquement à ne pas quitter Vienne. Sans jamais atteindre la richesse, Beethoven ne se

« Pourvu que les seigneurs se considèrent comme les coauteurs de chaque nouvelle grande œuvre, tel serait le point de vue auquel je désirerais, le premier, considérer la situation, et ainsi serait évitée l'apparence selon laquelle je toucherais un traitement pour rien. »

Beethoven à Gleichenstein, 1809

trouvera plus jamais à court d'argent.

Deux mois plus tard, Napoléon est devant les murs de la ville. La famille impériale s'enfuit le 4 mai, laissant la défense de la place à seize mille soldats.

Le jour même du départ, l'archiduc Rodolphe donne à Beethoven un motif mélodique de trois notes (sol, fa, mi-bémol) à partir duquel il va écrire la *Sonate caractéristique* (opus 81a). Le programme tout entier de cette musique n'est autre que l'adieu, l'absence et le retour de l'archiduc.

A l'heure où l'Autriche et la France sont de nouveau en guerre, Beethoven travaille au premier mouvement de son *Cinquième Concerto* pour piano. En pleine exaltation guerrière, il note en marge des esquisses : «Chant de triomphe pour le combat! Attaque! Victoire!»

## Pendant les guerres, les Muses se taisent

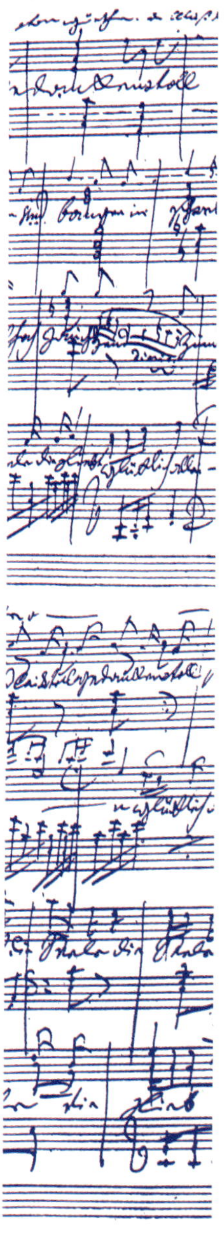

Les canons français ouvrent le feu sur Vienne le 11 mai. Beethoven s'est réfugié dans la cave de son frère et se protège les oreilles du vacarme du bombardement en se plongeant la tête dans des coussins. Il lui faut trois mois pour regagner son ardeur au travail. Mais jusqu'à la fin de l'année, il trouve encore le moyen d'achever son *Cinquième Concerto de piano*, le *Quatuor en mi-bémol* (opus 74, dit «Les Harpes»), la *Fantaisie en sol mineur* (opus 77) où les contemporains ont le sentiment de retrouver les improvisations de Beethoven lui-même au piano, enfin la *Sonate en fa-dièse* (opus 78).

La paix revient tandis que Beethoven compose avec ardeur la musique de scène pour l'*Egmont* de Goethe. Mais les difficultés ne font que commencer. La monnaie impériale s'étiole. Beethoven, dont aucune des nombreuses tentatives de prendre épouse n'aboutit, réussit de plus en plus mal à organiser sa vie matérielle. La solitude le rend dépressif. Il n'écrit plus qu'une œuvre dans l'année, le *Quatuor en fa mineur* (opus 95), et une autre au début de 1811, le *Trio en si-bémol avec piano* (opus 97, dit «L'Archiduc»). En septembre 1811, l'Empereur est obligé de placer le prince Lobkowitz sous curatelle. Les curateurs refusent de considérer l'engagement de rente signé par le prince au profit de Beethoven. Jusqu'en 1815, où le tribunal lui donne gain de cause, la contribution de Lobkowitz ne lui sera pas versée. En 1812, le prince Kinsky meurt à la suite d'une chute de cheval. Une nouvelle fois, Beethoven doit ester en justice pour faire valoir ses droits face aux héritiers. Séjours dans les villes d'eau de Bohême pour se remettre d'aplomb, esquisse de réconciliation avec Karl Lichnowski, rencontre de plusieurs jeunes et jolies femmes pour lesquelles il s'enflamme, rien n'y fait : Beethoven est fâché à tout jamais avec Vienne et devient de plus en plus sombre.

## «Des fautes, toujours des fautes!»

Durant les deux années qui viennent de s'écouler, 1810 et 1811, les éditeurs ont consacré plus d'ardeur que jamais à la publication des œuvres de Beethoven. Cette activité n'atteindra plus un tel niveau de son vivant. Il n'a pas beaucoup composé, mais il a passé une bonne part de son temps à relire des épreuves d'imprimerie. Il s'est même piqué au jeu des corrections : «Des fautes, toujours des fautes, écrit-il à Härtel, son éditeur de Leipzig. Vous êtes vous-même une faute unique.[...] Faites des fautes autant que vous voudrez, faites-en faire autant que vous voudrez, je vous estimerai quand même toujours autant. Car c'est l'usage parmi les hommes de les estimer autant qu'ils ne font pas de fautes plus grosses qu'eux-mêmes.»

La fin de 1811 et les premiers mois de 1812 sont presque entièrement consacrés à la composition de la *Septième Symphonie,* que Beethoven achève le 13 mai.

“ On devrait entendre chaque jour un petit lied, lire un beau poème, voir un tableau de valeur et, si c'est possible, dire quelques paroles raisonnables.”

Goethe,
*Les Années d'apprentissage de Wilhelm Meister*

### Les rencontres d'un curiste

Sa santé ne s'améliore pas. Il doit penser à reprendre les eaux pendant tout l'été, en même temps qu'il travaillera à la

*Huitième Symphonie.* Sa première station, Teplice, est le lieu à la mode où converge toute la bonne société du Nord et du Sud. Goethe lui aussi fait partie des curistes. «J'ai fait la connaissance de Beethoven à Teplice, écrit-il en 1812. Son talent m'a plongé dans l'étonnement. Mais c'est malheureusement une personnalité tout à fait indomptée, qui n'a certes pas tort de trouver le monde détestable, mais qui ne le rend vraiment pas plus plaisant, ni pour lui, ni pour les autres. Il est très excusable et très à plaindre, car son ouïe l'abandonne; cela nuit peut-être moins à la partie musicale qu'à la partie sociale. Lui qui est déjà laconique de nature, il le devient doublement par cette infirmité.»

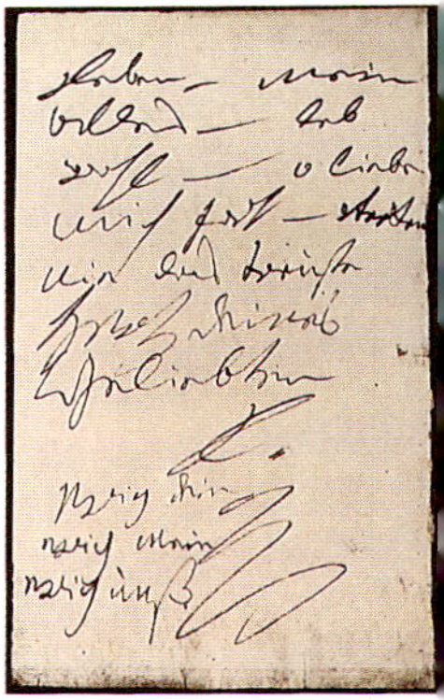

«Le bonheur me poursuit. Chère Bettina, jeune fille chérie», lui écrit Beethoven. Une amitié enthousiaste bien proche de l'amour…

Lors de son séjour à Teplice, Beethoven rédige une lettre brûlante à celle qu'il baptise son «immortelle bien-aimée». Le vrai nom de la belle manque. On hésite entre Bettina Brentano, sa sœur Antonia et Joséphine Brunsvik. Antonia est assurément sur le lieu de destination indiqué par Beethoven et ils sont liés par une solide amitié depuis quelque temps déjà. Bettina, elle, s'est fiancée en décembre 1810 avec Achim von Arnim. Joséphine, qui s'est remariée il y a deux ans, vient d'être abandonnée par son époux et elle erre, seule, sans que l'on puisse trouver sa trace au moment précis où Beethoven écrit sa lettre. Neuf mois plus tard, elle met au monde une petite Mimona. Aurait-elle donc cédé à cet amour sensuel qu'elle croyait devoir rejeter voilà sept ans? On ne peut rien affirmer. Rentré à Vienne en novembre seulement, mais bien remis, Beethoven compose sa dernière *Sonate pour piano et violon* (opus 96). Elle sera jouée le 19 décembre par l'archiduc Rodolphe et le violoniste bordelais Pierre Rode.

Les difficultés économiques et politiques ne permettent plus d'organiser un grand concert symphonique. Le marasme est profond, tenace, à tel point que Beethoven n'écrit plus rien jusqu'à l'été.

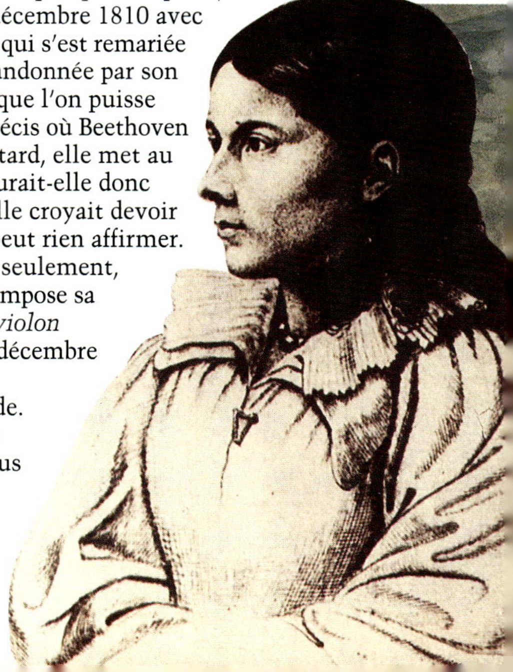

## La guerre peut aussi être mise à profit

Soudain, au mois de juin, arrive la nouvelle de la victoire remportée par Wellington à Victoria. La coalition contre Napoléon Ier se ressaisit. L'enthousiasme populaire pour Wellington tient du délire.

Maëlzel, l'inventeur du métronome, entretient à cette époque les meilleures relations avec Beethoven. Il fabrique pour lui des cornets qui resteront efficaces jusqu'en 1818. Il vient aussi de construire un nouvel instrument, le «panharmonicon». C'est une sorte de machine-orchestre, pour laquelle il demande à Beethoven d'écrire une pièce sur la bataille de Vittoria. On ne peut pas imaginer programme plus naïf que celui adopté pour cette curieuse symphonie : chaque armée prend ses positions pour l'attaque, les Anglais au son de *Rule, Britannia,* les Français sur le chant de *Malborough s'en va-t'en-guerre.* Pour la bataille proprement dite, la partition indique en prime les tirs des mousquets.

La première victoire de Wellington, le 21 juin 1813, suscite une réaction d'enthousiasme comparable à celle qui avait suivi la victoire de Nelson à Aboukir, quinze ans plus tôt. «Il me faut montrer un peu aux Anglais quelle bénédiction réside dans leur *God save the King*», note Beethoven.

Peu après, Beethoven ajoute à ce mouvement une *Symphonie triomphale* et fait entendre le tout au concert le 8 décembre 1813, en même temps que la *Septième Symphonie.* Jamais il n'a remporté un tel succès; jamais il n'en connaîtra d'égal. Il faut rejouer *La Victoire de Wellington* sans tarder, le 12 décembre, et trois autres fois au début de 1814.

Cette symphonie à programme lui fait gagner beaucoup d'argent et lui assure la faveur du public. Mais Beethoven se désole que l'intérêt des Viennois ne se porte pas d'abord sur les symphonies et sur les autres grandes œuvres, plutôt que sur une curiosité dont il regrette déjà le mauvais goût.

“Résignation, résignation la plus profonde à ton destin. Tu ne peux plus être homme, pour toi tu ne le peux plus, seulement pour autrui. [...] O Dieu! donne-moi la force de me vaincre moi-même! Rien désormais ne peut plus m'enchaîner à la vie.”

Beethoven, 1812

## *Fidelio* tiré des oubliettes

Au moins la réussite de *La Victoire de Wellington* donne-t-elle au théâtre de la Porte de Carinthie l'occasion de ressortir la partition de *Fidelio.* Beethoven s'empresse de la remanier de fond en comble en vue de sa reprise, qui a lieu le 23 mai 1814. C'est un succès à la mesure de l'échec rencontré jadis.

Bien que la surdité continue de gagner du terrain, Beethoven semble renouer un peu avec le monde extérieur. Il reprend goût à la vie et au travail. Dès le 16 août, une *Sonate pour piano en mi mineur* (opus 90) est achevée.

Le rythme de sa production s'est accéléré, mais il lui faut consacrer le plus gros de son temps à des œuvres de circonstance et à des commandes d'intérêt secondaire.

En 1815, l'Europe reprend son souffle et panse ses blessures. Dans l'euphorie du Congrès de Vienne, la musique de Beethoven a été applaudie et redemandée. Pourtant, l'horizon s'assombrit déjà : Lichnowski et quelques autres amis de Beethoven sont morts ; d'autres ont quitté Vienne. L'un des palais où régnait sa musique, celui du prince Razoumovsky, est la proie des flammes...

## CHAPITRE V
# AMERTUMES

« Les sons qui vivaient dans son esprit n'étaient plus que des souvenirs, des spectres de sons éteints, et ses dernières productions posent au front un cachet de mort qui fait frémir. »

Heinrich Heine, *Lutèce*, 1841

L'humeur morose est de retour. L'année n'apporte que *Deux Sonates pour piano et violoncelle* (opus 102) au catalogue des grandes œuvres.

Beethoven se sent résolument seul. L'un de ses frères, Carl Caspar, est gravement malade. Le 14 novembre, il désigne par testament sa femme Johanna et son aîné Ludwig cotuteurs de son fils unique, Karl. L'enfant n'a que neuf ans. Beethoven, qui déteste sa belle-sœur, exige d'exercer seul la tutelle. Une fois qu'il s'est éloigné, Carl Caspar ajoute un codicille à son testament : «Je ne désire absolument pas que mon fils soit enlevé à sa mère, mais qu'il reste avec elle aussi longtemps que sa carrière le permettra; par conséquent, la tutelle devra être exercée aussi bien par ma femme que par mon frère.» Le lendemain, il n'est plus.

“ Regarde Karl comme ton propre enfant.”
Beethoven, 1816

Johann, l'autre frère, que Beethoven n'aime pas et qu'il appelle «mon frère non fraternel».

## Beethoven espère briser un peu sa solitude en jouant le rôle de père

Il veut l'enfant, au mépris du codicille. En février 1816, il obtient gain de cause auprès du tribunal et place Karl dans l'institut privé de Giannatasio del Rio, avec lequel il se lie d'amitié.

Une bataille juridique s'engage pour la tutelle. Elle va durer jusqu'en 1820. Dans la lutte, Beethoven est hargneux et sans pitié. L'affaire le préoccupe tant qu'il ne parvient plus guère à travailler.

Au début, il achève tout de même son cycle de lieder *A la bien-aimée lointaine* (opus 98) et la *Sonate en la* (opus 101). Ensuite, les projets ne manquent pas : deux symphonies, un opéra, un trio... Rien n'aboutit. Aucune œuvre d'importance ne va plus voir le jour avant 1819.

Pour pouvoir prendre son neveu à la maison, Beethoven cherche au moins à mettre de l'ordre dans son existence. «Qu'est-ce qu'une pension, écrit-il le 13 mai 1816, auprès de la sollicitude attentive d'un père pour son enfant?» Car il se regarde maintenant comme le père de Karl. Depuis le mois de mars,

il est toujours plus ou moins maladif. Il cherche à tuer la solitude en lisant Plutarque, Shakespeare ou Schiller, dont les citations fourmillent dans ses notes. Après avoir traîné plus d'un an dans cet état, le 9 septembre 1817, il constate : «J'essaie sans musique de m'approcher tous les jours plus de la tombe.»

En novembre, après s'être nourri de fugues de J. S. Bach, il en écrit une pour quintette à cordes (opus 137) à l'intention de son ami Tobias Haslinger.

**Une mère est toujours une mère**

Il n'a jamais abandonné l'idée de prendre Karl à la maison. Comme il sent un mieux dans son état général, il le retire de la pension Giannatasio en janvier 1818. Il fait venir un précepteur à domicile pour les leçons : de crainte que la mère n'en profite pour établir un contact secret, il est hors de question que l'enfant sorte et aille à l'école. Mais Johanna sait utiliser les domestiques de Beethoven, qui ont toujours quelque grief contre leur maître. Bientôt,

Beethoven a privilégié certaines formes musicales – la sonate, la symphonie, la musique de chambre et tout particulièrement le quatuor – au détriment d'autres, comme la musique vocale : à cet égard, le cycle de lieder *A la bien-aimée lointaine* constitue une relative rareté. L'année de sa composition, 1816, est hantée par le malheur : «Nous [...] sommes nés seulement pour la souffrance et pour la joie, et on pourrait presque dire que les plus éminents s'emparent de la joie à travers la soufrance», écrit-il à la comtesse von Erdödy.

Karl rend visite à sa mère. Le forfait découvert, Karl est rudoyé par son oncle. Il avoue le rôle joué par les domestiques, qui sont renvoyés sur-le-champ. «Karl a mal agi, conclut Beethoven, mais une mère, même une mauvaise mère, c'est toujours une mère.»

A la fin du mois de mai, oncle et neveu s'installent à Mödling, une petite bourgade au sud de Vienne, pour y passer la belle saison. L'enfant fréquente l'école du père Fröhlich, mais son attitude est si révoltante que Beethoven est contraint de le reprendre au bout d'un mois. Il engage un précepteur pour un trimestre, afin de préparer Karl à entrer au Gymnase académique de Vienne.

Au retour en ville, la situation se complique, car l'enfant s'enfuit chez sa mère. La bataille recommence devant les tribunaux. Finalement, grâce à des appuis parmi les magistrats, la tutelle est confiée à l'oncle, en avril 1820. Les humiliations et les dépressions causées par l'affaire de la tutelle ont empêché Beethoven de se consacrer à son travail. Mais le style a mûri en silence.

**Un nouveau Beethoven**

A l'époque de la *Fugue pour quintette*, il ébauche la *Sonate pour piano en si-bémol* (opus 106, dite «Hammerklavier»), mais ne parvient à l'achever qu'au printemps 1819. Elle débute de la façon la plus habituelle chez Beethoven, par un geste affirmatif, impérieux, fortissimo. Ni rythme, ni mélodie. Plutôt un martèlement sur un seul accord qui semble s'enfoncer d'une tierce au dernier coup. Le même geste, repris aussitôt, est tout juste étoffé dans l'aigu. Cette entrée en matière a l'allure d'une épigraphe. Elle est suivie

“ L'aspect extérieur de Beethoven avait quelque chose d'inhabituellement frappant en soi [...]. Généralement perdu dans ses pensées et fredonnant pour lui-même, il gesticulait souvent des bras tout en marchant.”
Stefan von Breuning,
*Souvenirs du Schwarzspanierhaus*

du véritable thème, dans la nuance piano : en réponse au ré-si-bémol qui conclut l'épigraphe, il commence par remonter la tierce, du si-bémol au ré. A la fin, les tierces sont à nouveau descendantes, comme l'épigraphe.

Le geste initial de la *Sonate en si-bémol* fait figure de cellule génétique. Véritable germe de l'œuvre, il impose une tierce qui détermine à son tour tous les développements à venir. Même l'immense fugue finale lui doit son thème. Ce procédé n'est absolument pas nouveau pour Beethoven. Que l'on songe aux quatre notes initiales de la *Cinquième Symphonie,* autre geste qui engendre lui aussi toute une œuvre ! Mais Beethoven, à présent, s'impose encore plus de rigueur qu'il ne s'en est jamais imposé : à partir du motif créateur unique, il déploie l'œuvre comme une construction logique. Le modèle de ce déploiement a été proposé par le baron d'Holbach dans son *Système de la nature,* publié à Paris l'année de la naissance de Beethoven. Mozart le premier s'en était fait l'adepte, rejetant le postulat du Sturm und Drang selon lequel le choc d'idées étrangères les unes aux autres, mais bien caractéristiques, puisse suffire à donner à la fois force et unité à une œuvre.

Le baron d'Holbach fut l'un des hommes clefs de l'esprit des Lumières et de celui de l'*Encyclopédie.*

Dans son essence, le procédé utilisé par Beethoven est donc contraire à l'esprit romantique. Formé au temps des Lumières, il reste un classique. Cela n'entrave en rien son originalité profonde, en premier lieu marquée par la domination qu'il accorde au rythme. Souvent obstiné, le mouvement rythmique de Beethoven pousse l'œuvre en avant, presque contre

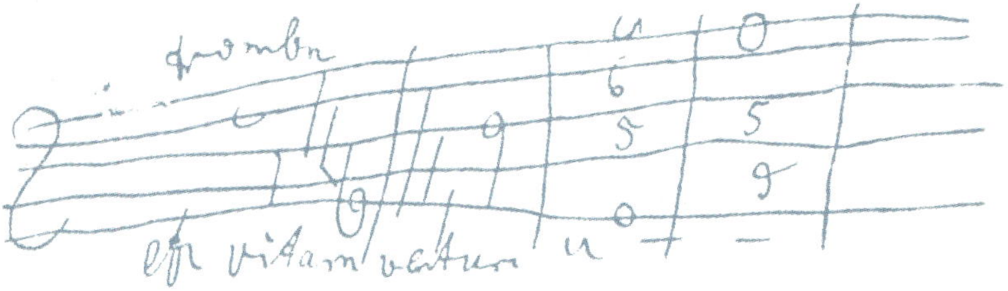

« Pour écrire de la vraie musique d'église, parcourir les vieux chorals d'église des moines, etc», note Beethoven en 1818. De fait, la Messe témoignera d'un souci permanent de lier la parole à la matière musicale.

sa volonté. Il fait appel aux forces élémentaires de l'individu; il trahit le tempérament impulsif et violent du compositeur. La virtuosité se met entièrement à son service, ainsi que tous les moyens de créer des contrastes.

## Beethoven travaille à une seconde messe

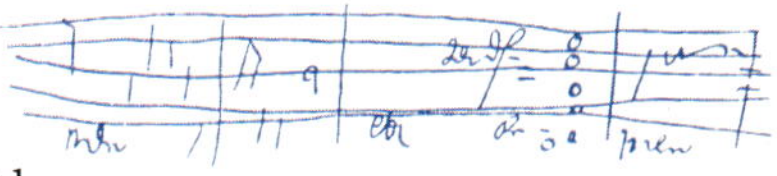

Il la veut monumentale, en l'honneur de son élève, protecteur et ami, l'archiduc Rodolphe. Le jeune Habsbourg doit être élevé au siège archiépiscopal d'Olomouc, en Moravie, le 19 mars 1820. Ses déboires ne permettront pas à Beethoven de finir l'œuvre dans les délais : à la date de la cérémonie, seuls le *Kyrie* et le *Gloria* sont vraiment composés. Il lui faudra encore trois années pour mener à bien le travail à cette *Missa solemnis.* Si elle perd le titre de messe d'intronisation, elle gagne celui de testament religieux de son auteur. Il y a pesé chaque mot, insistant sur le mystère de la foi – et sur le mot Credo –, passant plus rapidement sur les articles dogmatiques : nature et liberté restent ses maîtres mots.

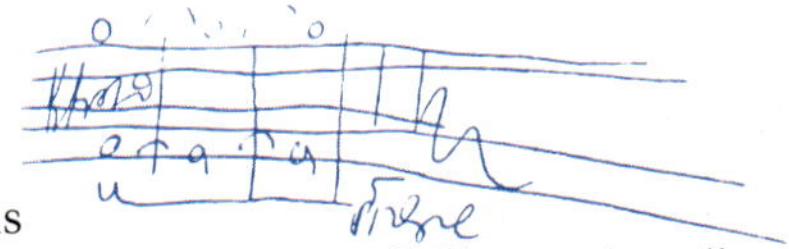

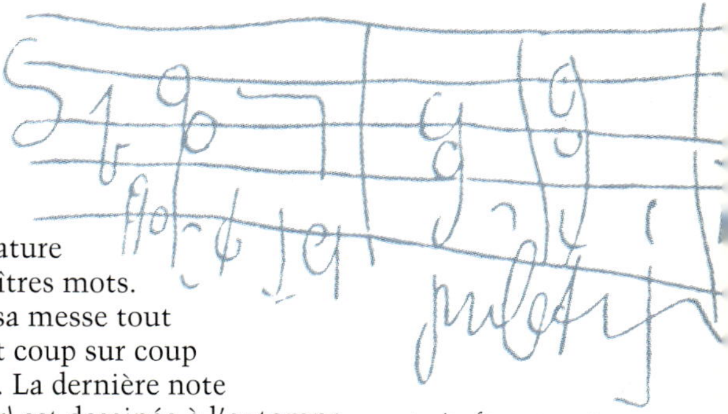

A défaut de terminer sa messe tout de suite, Beethoven écrit coup sur coup trois sonates pour piano. La dernière note de l'opus 109 (mi majeur) est dessinée à l'automne 1820; celle de l'opus 110 (la-bémol majeur) le 25 décembre 1821; celle de l'opus 111 (ut mineur) le 13 janvier suivant. Ayant tout fait dire à la Sonate, Beethoven revient à d'autres formes instrumentales; le piano, instrument de l'intimité, lui permet de se tirer de l'ornière où il était tombé. Il le porte vers une reprise de créativité qui doit aboutir non seulement à la *Missa solemnis,* mais aussi aux *Variations Diabelli* (1823), à la *Neuvième Symphonie* (1824) et aux six derniers quatuors (1825-1826).

« C'est aussi un effet purement visuel que produit sur moi une première esquisse de Beethoven, avec ses traits fougueux et impatients, son désordre confus de motifs ébauchés et abandonnés, avec la fureur créatrice qui s'y condense en quelques coups de crayons, – de cette nature comblée d'une surabondance démoniaque. »

Stefan Zweig, *Le Monde d'hier,* 1941

Le printemps 1822 amène Rossini sur les bords du Danube. De soirée en soirée, le public s'exalte. On oublie toutes les difficultés des théâtres depuis la fin du Congrès. Même Beethoven prend goût au *Barbier de Séville,* dont il s'est fait apporter la partition avant de se rendre à une représentation. Du coup, la situation générale de l'opéra s'est rétablie ; on prépare déjà la reprise de *Fidelio.* La vie est-elle enfin en train de reprendre un sens ?

“ Quand l'âme de Beethoven plane sur ce chœur sacré, quelle fervente prière s'élève vers Dieu ! ”

George Sand, *Lettres d'un voyageur*

## CHAPITRE VI
# LE CHANT DE L'HUMANITÉ

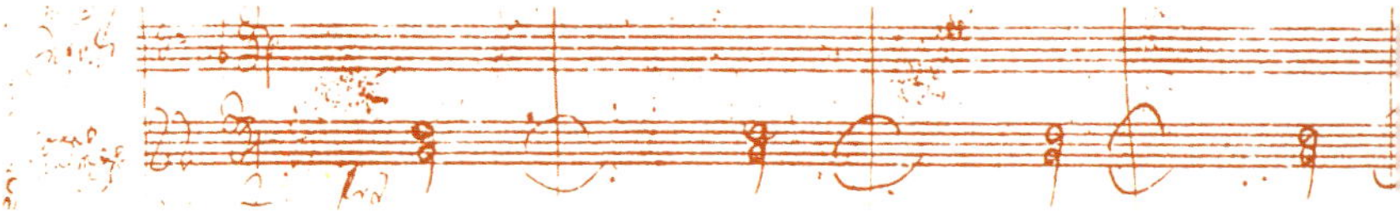

Beethoven a décidé de diriger lui-même au moins la répétition générale de son opéra. Dans l'ouverture, les musiciens de l'orchestre s'arrangent tant bien que mal pour compenser les indications peu précises de leur chef sourd. Mais la catastrophe arrive dès le début du premier acte : ni les musiciens de l'orchestre, ni les chanteurs ne parviennent à jouer ensemble. On tente de recommencer, en vain. Beethoven finit par comprendre, retourne précipitamment chez lui et s'isole, la tête entre les mains.

**Succès inattendu : nouveau départ**

Le soir de ce 3 novembre 1822, pourtant, *Fidelio* soulève à nouveau le public d'enthousiasme. La jeune Wilhelmine Schröder, dans le rôle de Léonore, est admirable. L'opéra se maintient plusieurs semaines à l'affiche. Beethoven songe à se remettre à l'ouvrage dans le genre lyrique, peut-être même pour la troupe italienne, mais il veut d'abord boucler les projets engagés. Il a passé une bonne part de l'année à un nouveau quatuor et à la *Neuvième Symphonie,* que la Société philharmonique de Londres attend depuis longtemps.

A la mi-novembre, il reçoit une lettre qui le confirme dans son désir d'écrire pour quatuor à cordes : «Aussi passionné amateur de musique que grand admirateur de votre talent, je prends la liberté de vous écrire pour vous demander si vous ne consentiriez pas à composer un, deux ou trois nouveaux quatuors, dont je me ferais un plaisir de vous payer la peine que vous jugerez à propos de marquer.»

Le signataire ajoute qu'il cultive lui-même le violoncelle. Il n'est autre que le jeune prince russe Nicolas Galitsine. Son vœu rejoint si bien les intentions de Beethoven qu'il sera doublement exaucé. Mais pour l'heure, il faut absolument terminer la *Neuvième Symphonie.*

Les œuvres des dernières années sont presque toutes liées par des thèmes et des motifs qui se promènent de l'une à l'autre, éternelles structures en reconversion.

Ce travail l'accapare jusqu'en février 1824, car il change plusieurs fois d'avis sur la conclusion qu'il doit donner à l'œuvre. Au début de l'été 1823, il pense encore à un finale instrumental sur un thème qui, au bout du compte, servira au dernier mouvement du *Quatuor en la mineur* (opus 132).

Wilhelmine Schröder-Devrient, la Léonore du XIXe.

## Une apothéose chorale

Il se décide peu après pour une solution toute différente : il mettra en musique l'*Ode à la joie* de

Schiller. L'idée est ancienne, mais il l'avait jusqu'ici réservée à une autre composition. Pour ce poème de 1785, Schiller s'était inspiré des recueils de poésie maçonnique. Il en avait même conservé l'alternance entre un récitant seul et un chœur qui lui répond. Il n'était pas franc-maçon, et Beethoven ne le sera jamais non plus. Mais l'idéal de fraternisation entre tous les hommes, que Schiller partageait avec les loges, n'a pas tardé à devenir aussi celui de Beethoven.

Le bruit se répand dans Vienne que la nouvelle symphonie existe enfin. Seulement, Beethoven en réserverait la primeur à la Société philharmonique de Londres, ou même au roi de Prusse! L'orgueil de Vienne est suffisamment blessé pour que trente «amateurs de l'art», vieux amis et vieux ennemis confondus, lui adressent une pétition : «Nous savons que la couronne de vos grandes symphonies s'est augmentée d'une fleur immortelle. Depuis des années déjà, depuis que le tonnerre de la bataille de Vittoria s'est apaisé, nous attendons et nous espérons. Rouvrez le trésor de votre inspiration et répandez-le sur nous comme autrefois! Ne décevez pas plus longtemps l'attente publique!»

En dépit des engagements pris avec Londres et de difficultés de dernière minute, le concert est annoncé pour le 7 mai 1824 au théâtre de la Porte de Carinthie. Deux répétitions seulement. Des loges vides. Pas un membre de la famille impériale. Un début de soirée défaillant, dans trois extraits de la *Missa solemnis* : certains spectateurs se retirent déjà. Soudain, c'est le triomphe! L'ascension irrésistible de la symphonie vers le chant de l'Humanité emporte toute la salle dans l'exultation et la jubilation.

La recette est maigre, elle le sera aussi pour la reprise, le 23 mai. Beethoven en tient rigueur à son entourage. Plus que jamais, il se replie vers la musique de chambre.

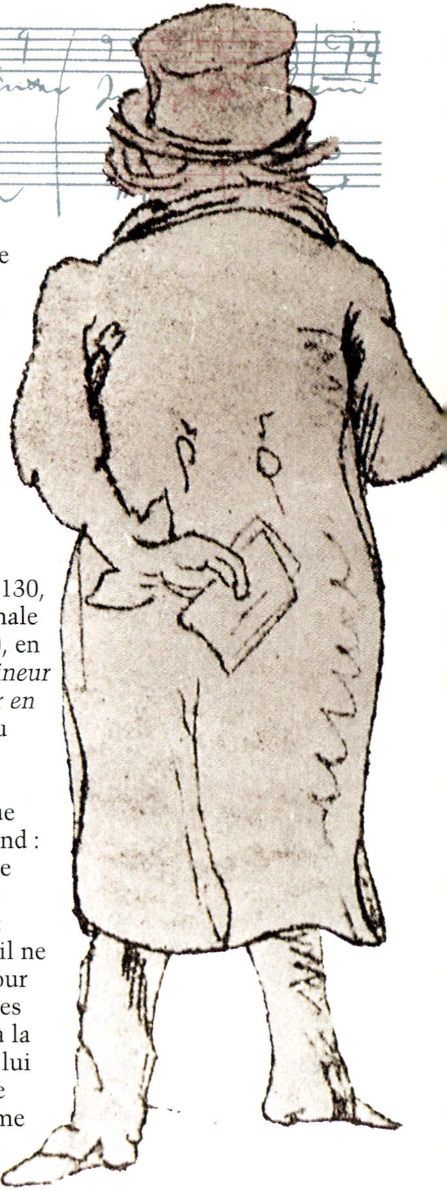

Tous les projets d'opéra ou de dixième symphonie, auxquels il a encore travaillé en 1824, sont bientôt laissés de côté. Le *Quatuor en mi-bémol* (opus 127), commencé en mai 1822, puis abandonné au profit de la *Neuvième Symphonie,* est enfin terminé en février 1825.

**Retour ultime au quatuor**

Beethoven achève successivement le *Quatuor en la mineur* (opus 132), en juillet, le *Quatuor en si-bémol* (opus 130, sans le dernier mouvement) et son finale d'origine, la *Grande Fugue* (opus 133), en novembre, le *Quatuor en ut-dièse mineur* (opus 131) en juillet 1826, le *Quatuor en fa* (opus 135) en octobre et le nouveau finale de l' opus 130 en novembre.

Un peu partout dans ces œuvres, Beethoven glisse la cellule thématique si-bémol, la, do, si-bécarre (en allemand : B-A-C-H) ou ses variantes. Il pousse le travail mélodique et contrepointique jusque dans des contrées qu'il n'avait jamais fréquentées lui-même – et où il ne rencontre plus que Bach et Mozart pour compagnons. Il s'impose ici des formes strictes; là, il prend toute liberté. Et à la fin, il a créé un monde qui existe par lui seul, qui vit par la force de son propre absolu, sans référence à rien, pas même à la *Neuvième Symphonie* ou à la *Missa solemnis.*

Pendant la composition des quatuors, les soucis avec Karl n'ont fait que croître. Le neveu ne réussit en rien dans ce qu'il entreprend, et pour finir il manque même son suicide, le 29 juillet 1826. Beethoven doit se résoudre à le voir prendre l'uniforme. En attendant le départ au régiment, oncle et neveu vont passer quelques semaines à Gneixendorf, près de Krems. Début décembre, le retour se fait sur la carriole découverte d'un laitier, par pluie battante : c'est la pneumonie, bientôt compliquée d'une attaque ictérique.

Beethoven est désormais cloué sur son lit de mort. Il n'a plus que la joie des lectures, des visites et de la musique qu'il voit jouer dans sa chambre sans l'entendre.

## «Chantez, chantez donc!»

L'un de ses derniers visiteurs, le ténor Luigi Cramolini, vient lui présenter sa fiancée. «Quand nous entrâmes, le pauvre homme gisait sur son lit, oppressé par l'hydropisie. De ses yeux grands ouverts et étincelants, il m'observa. Puis il me tendit la main gauche en souriant :

– Alors, voici le petit Luigi, et maintenant il est fiancé... Vous faites un beau couple. A ce que j'ai pu lire, vous faites aussi un couple de valeureux artistes.

Il nous tendit du papier et un crayon et la conversation se poursuivit par écrit, tandis qu'il parlait parfois de façon quasi incompréhensible. Puis il nous demanda de lui chanter quelque chose. Schindler se mit à l'un des deux pianos à queue qui se trouvaient côte à côte au milieu de la pièce et nous nous plaçâmes face à Beethoven. Je lui écrivis que je voulais chanter son *Adélaïde,* avec laquelle je m'étais fait connaître dans le monde artistique. Beethoven acquiesça d'un geste amical. Mais quand je fus sur

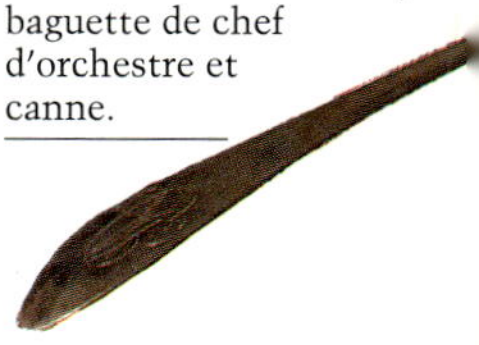

Reliques : cuiller, cornet acoustique, médaille de Louis XVIII, baguette de chef d'orchestre et canne.

“ Il me semble que j'ai à peine écrit quelques notes. Je vous souhaite bon succès dans vos efforts pour l'art; c'est l'art seul et la science qui nous montrent et nous font espérer une existence plus haute.”

Beethoven
à l'éditeur Schott,
17 septembre 1824

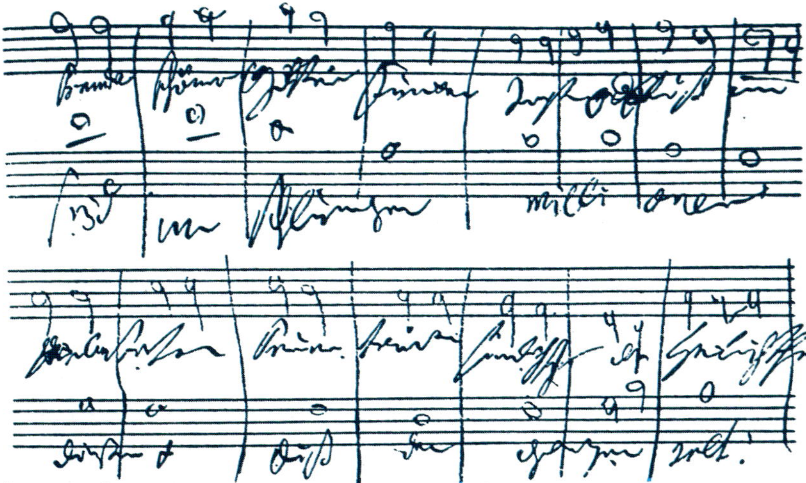

le point de commencer, ma gorge se serra tellement d'émotion que j'étais absolument incapable de chanter. Je priai Schindler d'attendre un moment, jusqu'à ce que je me sois remis. Beethoven demanda ce qui était arrivé; pourquoi je ne chantais pas, et quand Schindler lui en donna la raison, il rit de bon cœur et me dit :

– Chantez, chantez donc, mon cher Luigi; malheureusement je ne peux pas vous entendre, mais je voudrais au moins vous voir chanter.

Finalement, je repris courage et je chantai avec

Schubert et Beethoven se sont-ils rencontrés, comme le laisserait croire la gravure ci-dessous? On ne le sait. Schubert, pourtant, avait dédié à Beethoven, dès 1822, ses *Variations sur une chanson française,* opus 10, pour piano à quatre mains. Plus tard, il semble avoir cherché avec constance à s'adresser à Beethoven, en fréquentant de préférence les cafés où il savait qu'il le rencontrerait. Mais sa nature timide, la crainte d'inviter Beethoven, sans doute aussi la difficulté pratique de communiquer avec lui retinrent Schubert dans une observation silencieuse.

enthousiasme le chant de tous les chants, la divine *Adélaïde* de Beethoven. Quand j'eus terminé, il m'appela à son lit et me dit, en me serrant fortement la main :

– J'ai vu à votre respiration que vous chantez comme il faut et j'ai lu sur votre regard que vous sentez ce que vous chantez. Vous m'avez fait un grand plaisir.

Je fus trop heureux du jugement de ce grand homme et je m'essuyai une larme. Quand je voulus lui baiser les mains, il les retira hâtivement en disant :

– Cela, faites-le à votre chère maman!»

Peu après, le 26 mars 1827, Beethoven n'est plus. Vienne l'indécente lui fait alors tous les honneurs qu'elle lui a refusés de son vivant. «Jamais empereur n'eut des funérailles semblables, écrit Thérèse Brunsvik. Trente mille personnes l'accompagnèrent au tombeau.» Elles auraient aussi bien fait d'écouter sa musique.

“Beethoven ouvrit les yeux tout grands; il souleva sa main droite; et, le poing crispé, l'air farouche et menaçant, il fixa pendant quelques secondes son regard en haut. [...] Quand sa main retomba sur le lit, ses yeux étaient à demi voilés.”

Anselm Huttenbrenner

# TÉMOIGNAGES ET DOCUMENTS

Sauvage et solitaire,
héros tragique au génie impétueux,
romantique éperdu en quête d'absolu,
tel apparaît Beethoven à ses contemporains,
tel il reste pour l'éternité.

# Beethoven au quotidien

*Aux yeux de ceux qui le voient vivre, créer, jouer de la musique, Beethoven apparaît comme un ours. L'effort de son entourage pour prévenir les contrariétés nées de la surdité est constant. Pourtant, il ne suffit pas à gommer le tragique de cette vie brisée.*

## L'ours des salons

Beethoven est le plus fêté des compositeurs vivant à Vienne et, dans certains domaines, il est le premier de son temps. Bien qu'il ne soit pas âgé, il est étranger à la société par suite d'une extrême surdité qui l'a rendu presque asocial. La négligence de soi qu'il affiche lui donne un aspect quelque peu sauvage. Ses traits sont fortement prononcés; ses yeux brillent d'une énergie de rudesse; ses cheveux, qui ne semblent pas avoir fréquenté la société des peignes et des ciseaux depuis des années, recouvrent ses larges sourcils dans une abondance et une confusion qui n'est guère comparable qu'à celle des serpents autour de la tête de Gorgone. Son comportement général ne contredit pas cet abord peu prometteur.

A moins d'être parmi ses amis, la gentillesse ou l'affabilité ne sont pas son fort. La perte totale de l'ouïe le prive de tous les plaisirs que la société peut apporter et qui auraient peut-être tempéré son caractère. Il est l'habitué d'un établissement où il passe la soirée, dans un coin, à l'écart de tout bavardage et de toute discussion dans la salle principale; il y consomme du vin et de la bière, du fromage et du hareng saur, et il y lit les journaux. Un soir, une personne vint s'asseoir à côté de lui, dont la mine ne lui revenait pas. Il la regarda avec dureté et cracha par terre comme s'il avait vu un crapaud. Puis il revint à son journal, regarda de nouveau l'intrus, cracha encore, les cheveux hérissés avec une férocité sans cesse croissante, avant d'arrêter tout cela pour s'exclamer bien distinctement : «Quelle tête de chien!» Et il quitta la pièce en hâte. Même en compagnie de ses plus anciens amis, il a des sautes d'humeur comme un gamin capricieux. Il porte toujours sur soi un petit carnet et les conversations se font par écrit. Dans le même carnet, bien qu'il n'y ait pas de portées, il jette sur-le-champ toutes les idées musicales qui lui viennent à l'esprit. Ces notes musicales seraient complètement inintelligibles à un autre musicien, car elles ne sont pas écrites à la façon commune. Lui seul a dans sa tête le fil qui le conduit hors de son labyrinthe de points et qui réunit les harmonies les plus riches et les plus étonnantes. Quand il est au piano, il perd visiblement toute conscience de ce qui existe excepté lui-même et son instrument, et, au point de surdité où il en est, il paraît impossible qu'il entende ce qu'il joue. En conséquence, quand il joue pianissimo, il ne sort souvent pas le moindre son de l'instrument. Il l'entend, lui, dans son oreille intérieure. Quand ses yeux et le mouvement presque imperceptible de ses doigts montrent qu'il suit les accents de son âme jusqu'aux nuances *morendo,* l'instrument, lui, est en fait aussi muet que l'instrumentiste est sourd.

Je l'ai entendu jouer, mais pour le conduire à jouer, il faut le ménager, tant est grande son horreur d'être exhibé d'une manière ou d'une autre. Si on lui avait demandé franchement de faire cette faveur à la compagnie, il aurait refusé tout sec. Il fallut l'y mener presque par fourberie. Tout le monde quitta la pièce, sauf Beethoven et le maître de maison, qui est l'une de ses connaissances les plus intimes. Eux deux engagèrent une conversation sur les valeurs bancaires, par le truchement du carnet. Le gentleman, comme par inadvertance, enfonça les touches du piano ouvert, à côté duquel ils étaient assis, en vint peu à peu à parcourir une partition de Beethoven lui-même, fit mille fautes, et se planta tellement bien dans un passage que le compositeur condescendit à étendre la main pour le corriger. C'était suffisant, la main était sur le piano. Son compagnon le quitta aussitôt sur un prétexte quelconque et rejoignit le reste de la compagnie qui, de la pièce voisine, observait et entendait tout en attendant patiemment l'issue de cette fastidieuse conjuration. Beethoven, laissé seul, se mit au piano. D'abord, il ne fit qu'enfoncer quelques notes çà et là, comme s'il craignait que son crime fût constaté. Mais peu à peu il oublia tout et se lança dans une improvisation d'une demi-heure, dont le style était extrêmement varié, marqué surtout de transitions les plus abruptes. Les amateurs étaient captivés. Pour les non-initiés, le plus intéressant était d'observer comment la musique qui venait de l'âme de cet homme passait dans son comportement. Il semble ressentir l'audace, la force et l'impétuosité plus que le calme et la douceur. Les muscles de son visage se gonflent et ses veines sautent; son regard sauvage roule avec une sauvagerie redoublée; sa bouche frémit, et Beethoven a l'air d'un sorcier soumis au pouvoir des démons qu'il a lui-même appelés.

John Russell,
*A Tour in Germany and Some of the Southern Provinces of the Austrian Empire in the Years 1820, 1821, 1822,*
Edimbourg, 1825

## Emploi du temps

En toute saison, le maître se levait dès l'aube et s'installait aussitôt à sa table de travail. Il y travaillait jusqu'à son déjeuner, entre deux et trois heures de l'après-midi, l'heure à laquelle il déjeunait. Avant cela, il sortait prendre l'air une fois ou deux, et là, comme disait Saphir, il travaillait en se promenant.

BEETHOVEN improvisant chez le cordonnier Franz à Bonn. — (Composition de M. Lix.)

Ces escapades duraient rarement plus d'une heure, comme le vol de l'abeille qui s'en va butiner, et se répétaient en toute saison et par tous les temps. Les après-midi étaient toujours réservées à de vraies promenades; en fin de journée, il allait dans une de ses brasseries préférées pour y lire les journaux, s'il n'avait pas déjà satisfait cette curiosité dans un café. Lors des sessions parlementaires en Angleterre, il lisait régulièrement l'*Allgemeine Zeitung* à la maison pour suivre les débats. On ne s'étonnera pas que ce passionné de politique ait été du côté de l'opposition. Inutile de dire la grande attirance qu'il éprouvait pour Lord Brougham, Hume et autres ténors de l'opposition. Les soirées d'hiver, que Beethoven passait toujours chez lui, étaient entièrement vouées à la lecture sérieuse. On ne le voyait guère la plume à la main devant une partition le soir, cela eût été trop fatigant pour ses yeux. Peut-être en fut-il autrement quand il était plus jeune; mais il est certain qu'il n'a jamais consacré les heures du soir à la composition (invention). Au plus tard à dix heures, il allait se coucher.

## Instants de profonde méditation

Pour Beethoven, la toilette et le bain étaient un besoin vital. Il avait en cela tout d'un Oriental. Pour lui, Mahomet n'avait nullement prescrit trop d'ablutions. Quand il ne sortait pas pour se détendre, au cours de sa matinée de travail, il allait à son lavabo, souvent encore en robe de chambre, et se versait de grandes cruches d'eau sur les mains; ce faisant, il hurlait sur tous les tons ou grognait; ensuite, il traversait la pièce, le regard tournant ou fixe, notait quelques mesures, puis repartait vers ses bruyantes ablutions. C'étaient chez lui les instants de la plus profonde méditation, qu'il n'y aurait pas lieu d'évoquer s'ils n'avaient pas eu à double titre de fâcheuses conséquences. D'abord, cela faisait rire ses domestiques, et lorsqu'il s'en rendait compte, il se mettait en de telles colères qu'il en devenait parfois ridicule. Ou encore il avait affaire à ses propriétaires lorsque l'eau coulait à travers le plafond, ce qui arrivait malheureusement souvent. C'est une des raisons pour lesquelles Beethoven ne fut jamais un locataire très apprécié. Il aurait fallu que le sol de son logement fut enduit de goudron pour contenir un tel déluge. Et le maître ne remarquait pas ces débordements d'enthousiasme qui se répandaient sous ses pieds!

## Repas et boissons

En la matière, les habitudes du maître étaient en soi déjà une curiosité, tout en rapport avec la conception qu'il avait des choses du ménage.

Au petit déjeuner, il buvait du café, qu'il avait préparé lui-même dans une cafetière en verre. Le café était son aliment principal, il y apportait un soin d'Oriental. Il prenait une soixantaine de grains par tasse, les comptant même parfois, surtout quand il avait de la visite. Les maccaroni au parmesan appartenaient à ses mets favoris. Il fallait qu'ils soient fort mal réussis pour qu'il les trouve mauvais, et on concevra aisément, du fait de l'heure irrégulière à laquelle il se faisait servir, qu'ils étaient plus souvent mauvais que bons. En revanche, il critiquait tous les autres plats et demandait des comptes à sa cuisinière, même quand la pauvre n'y était pour rien. Il aurait considéré comme un manquement à la morale que de lui pardonner. «Le potage est mauvais!» : cette sentence était sans appel, et quiconque était d'un autre avis passait pour une personne sans goût et sans jugeote. Il ne supportait pas mieux qu'on le contredise en ce sujet qu'en d'autres choses plus importantes, poussant la faiblesse jusqu'à manifester sa rancune encore plusieurs jours, voire à écrire un billet. J'en ai gardé un, où il termine en me jetant ces mots à la tête : «Votre opinion sur le potage m'est parfaitement indifférente, il est mauvais!» Là encore, nous rencontrons dans un détail sans importance ce caractère absolu que nous lui connaissons déjà. Il aimait aussi beaucoup tous les plats de poisson. Il recevait volontiers le vendredi pour avoir le plaisir de servir à ses invités une belle sandre du Danube avec des pommes de terre bouillies.

Il dînait rarement. Une assiette de potage et quelques restes du déjeuner, c'est généralement tout ce qu'il mangeait le soir.

En matière de boisson, il avait une préférence pour l'eau de source bien fraîche, qu'il consommait presque avec excès en été. Son vin de prédilection était celui des coteaux de Buda. Par malheur, il affectionnait tout particulièrement les vins frelatés, ce qui fit beaucoup de mal à ses pauvres entrailles. Rien ne servait de le mettre en garde. C'est bien là une preuve que Beethoven n'était pas un grand buveur, contrairement à ce qu'en a dit son dernier médecin. Le maître appréciait également un bon verre de bière le soir, en compagnie d'une pipe et de journaux.

Les dernières années, Beethoven fréquentait encore assidûment les auberges et les cafés, ces derniers à condition de pouvoir entrer par derrière et s'installer dans une pièce séparée. Si

un étranger cherchait à le rencontrer, on lui indiquait le chemin, car il n'aimait pas le changement et se rendait toujours dans un café proche de chez lui. Il était exceptionnel de le voir engager une conversation avec l'étranger en question. La dernière page de journal parcourue, il s'empressait de repartir par la porte de derrière.

Anton Schindler,
*Vie de Beethoven,*
1844

# Beethoven à la lettre

*Bien que l'écriture soit devenue son unique moyen de communication avec le monde extérieur, Beethoven ne se confiait guère dans ses lettres. Il traitait plus volontiers de questions de vie quotidienne ou d'édition que de sujets esthétiques ou psychologiques. Dans les rares occasions où la plume s'est libérée, le déluge fut violent, plus que ne le sera jamais la musique.*

## Le testament de Heiligenstadt

Pour mes frères Carl et [....] Beethoven.

O vous, hommes qui me tenez pour hostile, entêté, misanthrope ou me déclarez tel, à quel point vous me faites tort! Vous n'en connaissez pas la cause secrète. Dès l'enfance, mon cœur et mon âme étaient pleins des tendres sentiments de la bonté. J'ai même été toujours prêt à accomplir de grandes actions. Mais pensez que depuis six ans je suis frappé d'un mal terrible, que des médecins incompétents ont aggravé. D'année en année, déçu par l'espoir

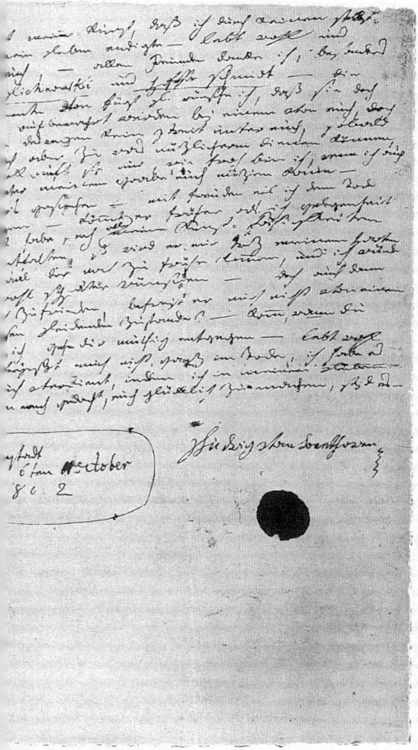

d'une amélioration, finalement contraint de faire face à la possibilité d'une *maladie de longue durée* (dont la guérison prendrait des années, si tant est qu'elle soit possible), né avec un tempérament plein de feu et de vie, accessible même aux distractions de la société, j'ai dû m'isoler de bonne heure, vivre en solitaire, loin du monde. Quand, parfois, j'essayais d'oublier tout cela, oh! comme j'ai été, alors, brutalement ramené à la triste expérience, sans cesse renouvelée, de mon ouïe défectueuse. Pourtant il ne m'était pas possible de dire aux gens : «Parlez plus fort, criez, je suis sourd.» Ah! comment avouer la faiblesse du *seul sens* qui devrait être chez moi plus parfait que chez les autres, sens qu'autrefois j'ai possédé dans sa plus grande perfection, dans une perfection que peu de gens de ma profession connaissent ou ont jamais connue. Oh! je ne le peux pas, aussi pardonnez-moi, si vous me voyez m'éloigner alors que j'aimerais me mêler à vous. Mon malheur est doublement pénible pour moi parce qu'il me réduit à être mal compris. Pour moi, il ne peut y avoir de détente en société, ni de conversations raffinées, ni d'échanges d'idées. Je dois vivre presque seul, comme un banni, et je ne peux me mêler à la société que lorsque cela devient strictement indispensable. Quand je m'approche des gens, une terreur sans nom s'empare de moi et je crains de m'exposer à trahir mon état. Il en a été ainsi pendant les six derniers mois que j'ai passés à la campagne. En m'invitant à ménager mes oreilles autant que possible, mon médecin compétent est presque allé à la rencontre de mon actuelle disposition naturelle bien que poussé parfois instinctivement vers la société, je m'y sois laissé aller. Mais quelle humiliation pour moi quand quelqu'un à côté de moi entendait au loin une flûte et que moi, je *n'entendais rien;* ou quand quelqu'un *entendait un berger chanter* et moi, là encore, rien. De tels événements m'ont poussé presque au désespoir; un peu plus et j'aurais mis fin à ma vie – c'est seulement *mon art* qui m'a retenu. Ah! il me semblait impossible de quitter le monde avant d'avoir donné le jour à tout ce que je sentais en moi, et c'est ainsi que j'ai enduré cette vie misérable – vraiment misérable, avec un corps si sensible qu'un changement un peu brusque peut me faire passer du meilleur état au pire. De la *patience,* me dit-on. Je dois désormais en faire mon guide. Et c'est ce que j'ai fait. J'espère que ma résolution de persévérer durera jusqu'à ce qu'il plaise aux Parques de couper le fil. Peut-être irai-je mieux, peut-être non; je suis prêt. A l'âge de vingt-huit ans, être déjà obligé de se mettre à philosopher, ce n'est pas chose facile, et pour un musicien c'est plus difficile que pour tout autre. Etre divin, tu vois au plus profond de mon âme; tu sais qu'elle est habitée de l'amour des hommes et du désir de faire le bien. O humains, quand vous lirez un jour ceci, pensez que vous m'avez fait du tort; et celui qui est dans le malheur pourra se consoler en trouvant quelqu'un qui lui ressemble, quelqu'un qui, en dépit de tous les obstacles de la nature, aura pourtant fait tout son possible pour être admis dans le cercle des artistes et des hommes de valeur. Vous mes frères Carl et […], dès que je serai mort et si le docteur Schmidt vit encore, demandez-lui en mon nom de vous faire une description de ma maladie et vous joindrez cette feuille-ci à son compte rendu, pour qu'au moins après ma mort le maximum de personnes se réconcilie avec moi. En même temps, je vous institue ici, vous deux, héritiers de ma petite fortune (si on peut l'appeler ainsi). Partagez-la équitablement, entendez-vous et aidez-vous mutuellement. Ce que vous avez fait contre moi, je vous l'ai pardonné depuis longtemps, vous le savez. Toi, frère Carl, je te remercie encore tout particulièrement de l'attachement que tu m'as témoigné ces temps-ci. Mon vœu est que votre vie soit meilleure et plus libre de soucis que la mienne. Recommandez la *vertu* à vos enfants, elle seule peut rendre heureux, et non l'argent, je parle en connaissance de cause. C'est elle qui m'a relevé au temps de ma misère; c'est à elle et à mon art que je dois de n'avoir pas fini ma vie par un suicide. Adieu et aimez-vous! Je remercie tous mes amis, en particulier le *prince Lichnowsky* et le *professeur Schmidt.* Les instruments donnés par le prince L., je souhaite qu'ils puissent être conservés chez l'un d'entre vous, mais ils ne doivent pas être pour vous un sujet de dispute, et, si un jour vous trouvez la chose plus avantageuse, vendez-les. Que je suis content de pouvoir vous être utile encore dans ma tombe! Ainsi soit-il. C'est avec joie que je vais au-devant de la mort. Si elle arrive avant que j'ai eu l'occasion de déployer toutes mes capacités artistiques – elle viendra toujours trop tôt, en dépit de mon dur destin, et je voudrais qu'elle soit plus tardive – même ainsi je suis content : ne me délivre-t-elle pas d'un état de souffrance sans fin? Viens à *ton* heure, je viens au-devant de toi, courageusement. Adieu, et ne m'oubliez pas tout à fait après ma mort, je le mérite de votre part, car de mon vivant j'ai souvent pensé à vous, et à la façon de vous rendre heureux. Soyez-le.

Heiligenstadt, le 6 octobre 1802.

Ludwig van Beethoven.

Pour mes frères Carl et […], à lire et à exécuter après ma mort.

Heiligenstadt, le 10 octobre 1802.

Ainsi je prends congé de toi – et cela bien tristement – car la douce espérance que j'ai emportée ici, d'être gâté du moins jusqu'à un certain point, je dois l'abandonner complètement à présent; telles les feuilles de l'automne qui tombent et se fanent, cette espérance s'est desséchée pour moi. Je pars presque comme je suis venu. Même ce fier courage – qui m'a souvent animé dans les beaux jours de l'été – il a disparu. O Providence, donne-moi une fois au moins un jour de *joie* pure. C'est que je suis privé depuis si longtemps déjà de l'écho intime de la vraie joie! Oh quand, oh quand, ô Divinité, pourrai-je l'éprouver de nouveau dans le temple de la nature et de l'humanité? Jamais? Non. Oh! ce serait trop dur!

Maynhard Solomon,
*Beethoven,*
Jean-Claude Lattès

## Lettre à l'immortelle bien-aimée

Le 6 juillet au matin.

Mon ange, mon tout, mon moi. Quelques mots seulement aujourd'hui, et au crayon (le tien). Ce n'est pas avant demain que je saurai définitivement où j'habiterai. Quelle misérable perte de temps pour de telles choses! Pourquoi ce profond chagrin alors que la nécessité parle? Notre amour ne peut-il exister autrement que par des sacrifices, par l'obligation de ne pas tout demander? Peux-tu faire autrement que tu ne sois pas toute à moi et moi à toi? Ah! Dieu, contemple la belle nature et accepte d'un cœur paisible ce qui doit être. L'amour exige tout, et de plein droit, ainsi en est-il *de moi avec toi, de toi avec moi.* Mais tu oublies si facilement que je dois vivre *pour moi et pour toi;* si nous étions complètement réunis, tu éprouverais aussi peu que moi cette souffrance. Mon voyage a été terrible, je ne suis arrivé qu'hier à quatre heures du matin; comme on manquait de chevaux, la poste a pris un autre itinéraire, mais quelle route épouvantable! A l'avant-dernier relais, on m'a conseillé de ne pas voyager de nuit. On m'a parlé d'une forêt épouvantable, mais cela n'a fait que

m'exciter, et j'ai eu tort, la voiture aurait dû se briser dans ce terrible chemin, simple chemin de terre défoncé. Avec d'autres postillons que ceux que j'avais, je serais resté en route. Esterhazy, par l'autre chemin, le chemin habituel, a subi le même sort, avec huit chevaux, que moi avec quatre. Pourtant, j'ai éprouvé un certain plaisir, comme toujours quand j'ai heureusement surmonté un obstacle. A présent passons vite de choses extérieures à des choses intérieures! Nous nous reverrons sans doute bientôt; de plus, aujourd'hui, je ne peux te faire part des considérations que j'ai faites sur ma vie pendant ces quelques jours. Si nos cœurs étaient toujours serrés l'un contre l'autre, je n'en ferais pas de semblables. Le cœur est plein de tant de choses à te dire. Ah! il y a des moments où je trouve que la parole n'est encore rien du tout. Courage! Reste mon fidèle, mon unique trésor, mon tout, comme moi pour toi. Quant au reste, les dieux décideront de ce qui doit être et de ce qu'il adviendra de nous.

Ton fidèle Ludwig.

Lundi soir, 6 juillet.

Tu souffres, toi, mon être le plus cher. A l'instant j'apprends que les lettres doivent être postées très tôt le matin. Lundi, jeudi, les seuls jours où la poste part d'ici pour K. Tu souffres. Ah! là où je suis, tu es aussi avec moi, je parle avec moi et toi, je ferai en sorte que je puisse vivre avec toi, quelle vie!!! ainsi!!! sans toi. Poursuivi ici et là par la bonté des hommes que je ne désire pas plus mériter que je ne la mérite, humilité de l'homme devant l'homme, elle me peine, et quand je me considère en relation avec l'univers, que suis-je et qu'est-il, Lui qu'on appelle le plus Grand? Et pourtant, là est encore la divinité de l'homme. Je pleure, quand je pense que tu ne recevras vraisemblablement que samedi la première nouvelle de moi. Quel que soit ton amour pour moi, je t'aime encore plus fort, mais ne te cache jamais de moi. Bonne nuit. En bon curiste, il faut que j'aille dormir. Ah! Dieu, si près! si loin! Notre amour n'est-il pas un véritable édifice céleste et aussi solide que la voûte du ciel?

De bon matin, le 7 juillet.

Encore au lit mes pensées se pressent vers toi, mon Immortelle Bien-aimée, parfois joyeuses, puis de nouveau tristes. Le Destin nous exaucera-t-il? Vivre, je ne le peux entièrement qu'avec toi ou

No 6 am 6ten Juli Morgends —

Mein Engel, mein alles, mein Ich. — nur einige Worte heute, und zwar mit Bleystift — (mit deinem) bis morgen ist meine Wohnung sicher bestimmt, welcher Nichtswürdiger Zeitverderb in d. g. — warum dieser tiefe Gram, wo die Nothwendigkeit spricht — kann unsere Liebe anders bestehn als durch Aufopferungen, durch nicht alles verlangen, kannst du es ändern daß du nicht ganz mein, ich nicht ganz dein bist — Ach Gott

L'esprit du «Sturm und Drang» baigne les écrits de Beethoven.

pas du tout, j'ai même décidé d'errer au loin jusqu'au jour où je pourrai voler dans tes bras, où je pourrai me dire pleinement dans ma patrie auprès de toi, puisque, tout entouré par toi, je pourrai plonger mon âme dans le royaume des esprits. Oui, hélas! il le faut. Tu te maîtriseras d'autant mieux que tu connais ma fidélité envers toi, jamais aucune autre ne peut posséder mon cœur, jamais, jamais. O Dieu, pourquoi faut-il s'éloigner de ce qu'on aime ainsi, et pourtant ma vie à Vienne telle qu'elle est maintenant est une vie misérable. Ton amour a fait de moi à la fois le plus heureux et le plus malheureux des hommes. A mon âge j'aurais besoin d'une existence en quelque sorte uniforme, égale. Peut-il en être ainsi étant donné nos relations? Mon ange, je viens d'apprendre que la poste part tous les jours, et il faut donc que je m'arrête afin que tu reçoives cette l[ettre] tout de suite. Sois calme, ce n'est que par une contemplation détendue de notre existence que nous pouvons atteindre notre but, qui est de vivre ensemble. Sois calme. Aime-moi. Aujourd'hui, hier, quelle aspiration baignée de larmes vers toi, toi, toi, ma vie, mon tout! Adieu! Oh! continue à m'aimer. Ne méconnais jamais le cœur très fidèle de ton aimé L.

Eternellement à toi,
éternellement à moi,
éternellement à nous.

Maynhard Solomon,
*Beethoven,*
Jean-Claude Lattès

## La surdité sublimée?

*La surdité de Beethoven a souvent été utilisée pour expliquer son œuvre. Les «bizarreries» de son orchestration ne provenaient-elles pas de ce qu'il ne pouvait pas entendre ce qu'il imaginait? L'absence du corps sonore n'a-t-elle pas développé le goût pour l'abstraction musicale? Le cliché dure depuis le XIXe siècle. Les vrais musiciens, eux, ne s'y sont jamais trompés.*

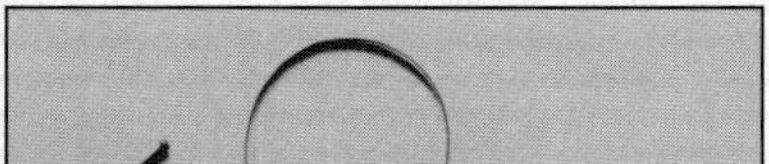

A mesure qu'il perdait le contact avec le monde extérieur, il tournait un regard plus clairvoyant vers son monde intérieur. A mesure qu'il se sent familiarisé avec la gestion de son royaume intérieur, il impose plus consciemment ses exigences à l'extérieur : il demande à ses protecteurs de ne plus rémunérer ses travaux, mais de prendre soin qu'il n'ait plus à se soucier du monde et puisse travailler uniquement pour lui-même. Et il se trouva, – certainement pour la première fois dans la vie d'un musicien –, que quelques personnages haut placés s'obligèrent généreusement à lui conserver son indépendance telle qu'il la réclamait. Parvenu au même tournant de sa vie, Mozart, prématurément épuisé, avait sombré. Cet immense bienfait, sans doute il ne lui fut pas donné d'en jouir pleinement, ni d'une façon ininterrompue : c'est pourtant de là que découle l'harmonie particulière qui se manifesta dès lors dans la vie du Maître, tout étrange qu'en fût la règle. Il se sentait l'âme d'un vainqueur, et savait qu'il ne se mesurerait au monde qu'en homme libre. Ce monde devait le tolérer tel qu'il était. Ses protecteurs de haute noblesse, il les traitait en despote, et on ne pouvait rien obtenir de lui que s'il lui plaisait, et quand il lui plaisait.

Mais jamais rien ne lui plut, hors de la passion qui le dominait : jouer en magicien avec les formes de son monde intérieur. En effet, le monde extérieur s'abolit complètement pour lui, non que la cessité le dérobât à son regard, mais parce que la surdité l'écarta en fin de compte de son oreille. L'ouïe était le seul organe par lequel le monde extérieur avait encore une action sur lui. Car ce monde était depuis longtemps mort pour ses yeux. Que pouvait voir le rêveur extasié quand il parcourait les rues grouillantes de Vienne, et qu'il regardait fixement devant lui, les yeux grands ouverts, uniquement inspiré par le monde des harmonies, qui seul restait éveillé en lui?

Lorsque sa surdité se déclare, puis s'accroît, c'est pour lui un tourment effroyable, qui engendre une mélancolie profonde. Toutefois quand cette surdité devient complète, et qu'il se trouve désormais hors d'état de suivre une exécution musicale, il ne se répand pas en plaintes déchirantes. Seul son commerce avec le monde pourra s'en ressentir. Mais le monde n'avait jamais eu le moindre attrait pour lui, et il s'en détourne désormais plus résolument.

Un musicien privé de l'ouïe! – Peut-on imaginer un peintre aveugle?

Mais ce VOYANT devenu aveugle, nous le connaissons, – c'est Tirésias, pour qui s'est fermé le monde des apparences, et qui, en compensation, perçoit maintenant avec son regard intérieur le fondement de toute apparence. C'est à lui que ressemble maintenant le musicien devenu sourd : n'étant plus troublé par les bruits de la vie, il écoute uniquement ses harmonies intérieures, et du plus profond de lui-même s'adresse encore à ce monde, qui pour lui demeure silencieux. Ainsi le génie, libéré du non-moi, se concentre – et se limite à son moi. Et pour celui qui aurait jeté sur Beethoven le regard de Tirésias, quel miracle, quelle révélation! Un monde, vivant parmi les hommes! Le monde en soi dans un homme qui vit!

Dès lors, la vision du musicien reçut sa clarté de l'intérieur de son être. Il projetait son regard sur les apparences, qui, baignées par sa lumière intérieure, se reflétaient, comme par un prodige, en son être intérieur. Maintenant, c'est uniquement l'essence des choses qui se manifeste à lui, et qui les pare du rayonnement serein de la beauté. Maintenant, il comprend la forêt, le ruisseau, la prairie, le ciel d'azur, la foule joyeuse, le couple d'amoureux, le chant des oiseaux, la course des nuages, le déchaînement de la tempête, l'apaisante volupté du calme qui renaît. Alors, tout ce que voit l'artiste, tout ce qu'il crée est imprégné de cette merveilleuse sérénité qui devient, grâce à lui, l'élément propre de la musique. Même la plainte qui est à l'origine de tous les sons s'exhale en un sourire : le monde a reconquis son innocence d'enfant… «Avec moi, vous êtes aujourd'hui au paradis» : – qui ne s'est pas senti, en écoutant la *Symphonie pastorale,* touché par cet appel du Rédempteur? […]

La joie d'exercer une telle force fait, chez l'artiste, naître l'ironie. Toute souffrance humaine vient se briser devant la satisfaction infinie qu'il éprouve à jouer avec l'existence. Brahma, le créateur du monde, rit de lui-même, conscient de sa propre illusion. L'innocence reconquise joue malicieusement avec l'aiguillon des péchés expiés : la conscience libérée raille le tourment qui l'obséda.

Jamais art au monde n'a produit de créations comparables en sérénité aux *Symphonies en la majeur* et en *fa majeur* ou aux œuvres, semblables à elles par leur inspiration, de la période divine de sa complète surdité. Ce que l'auditeur éprouve d'abord, c'est un sentiment de libération de tout péché; puis, après coup, il prend conscience d'avoir perdu le Paradis et, de la sorte, il rejoint le monde des apparences. Ainsi ces œuvres admirables nous inclinent au repentir et à l'expiation, au sens le plus profond de la révélation divine.

Richard Wagner,
*Beethoven,*
Gallimard, 1970

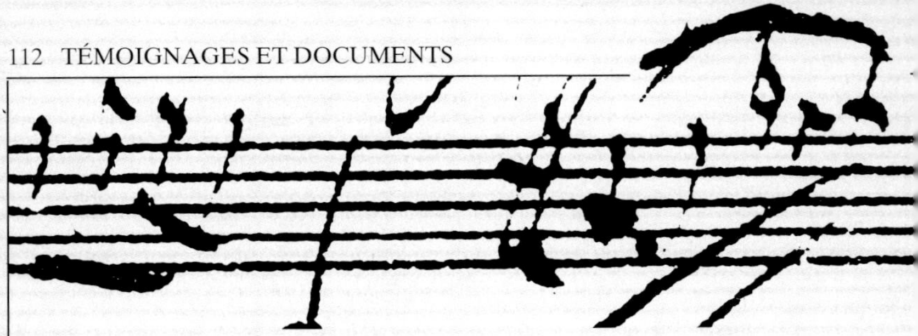

## Œuvres fétiches

*L'image de Beethoven se cristallise souvent sur une pièce particulière, ou dans un petit groupe de musiques : les symphonies, les quatuors, les sonates – ou encore le «dernier Beethoven», c'est-à-dire la* Missa Solemnis, *la* Neuvième Symphonie, *les derniers quatuors, les dernières sonates, les* Bagatelles *et les* Variations Diabelli. *Toutes les autres œuvres semblent dès ce moment aller et venir autour du repère choisi – voire celles aussi qui ne sont pas sorties de la plume de Beethoven. Le compositeur devient ainsi lui-même le point d'ancrage sur les flots de l'histoire musicale.*

### La Cinquième Symphonie

La *Symphonie en ut mineur* […] entraîne l'auditeur dans les espaces infinis, en une ascension de plus en plus rapide et irrésistible! Rien n'est plus simple que le motif principal du premier allégro, qui n'est fait que de deux mesures, et n'indique, pas même à l'auditeur, en ce début à l'unisson, le ton du morceau. Le caractère d'anxieuse inquiétude, que cette phrase porte en elle, ressort encore mieux du thème accessoire. Le cœur, angoissé par le sentiment de l'immense, comme menacé d'étouffer, semble chercher, en des sons déchirants, à se donner de l'air; mais bientôt surgit une image souriante, qui jette sa clarté dans ces effrayantes ténèbres (le gracieux thème en sol majeur que le cor a déjà effleuré en mi bémol majeur). Quelle simplicité – il faut le dire encore – dans ce thème que le maître a placé à la base de tout l'ensemble! Et les phrases intermédiaires, dans leurs proportions rythmiques, s'ordonnent merveilleusement autour du thème, comme pour souligner le caractère de l'allégro qui n'était encore qu'indiqué. Toutes les phrases sont courtes, ne comptent pour la plupart que deux ou trois mesures réparties dans la continuelle alternance des instruments à vent et à cordes. On pourrait craindre que cela ne produise quelque chose de morcelé, d'insaisissable, mais au contraire, c'est justement cette

ordonnance de l'ensemble, ainsi que la continuelle répétition des phrases successives et des accords isolés, qui accentuent jusqu'au plus haut degré le sentiment d'une aspiration qui n'a point de nom. Sans même parler de la profonde connaissance de la technique dont témoigne le maniement du contrepoint, ces incidentes, ces variations continuelles sur le thème principal révèlent le grand maître, capable de saisir l'ensemble à travers la profusion de mouvements passionnés. N'a-t-il pas le son d'une voix pure et immatérielle, versant l'espoir et la consolation dans notre cœur, le gracieux motif de l'*andante con moto* en la bémol majeur? Mais ici aussi, la menace qui, dans l'allégro, pénétrait l'âme d'angoisse, reparaît à tout instant, dans la nuée d'orage où elle s'est évanouie, et ses éclairs dispersent les charmantes images dont nous étions environnés.

Que dire du menuet? Ecoutez ces modulations uniques, ces résolutions dans l'accord majeur de dominante, que la basse reprend comme tonique du thème suivant en mineur – et ce thème, toujours le même, qui se développe de nouveau en quelques mesures! N'êtes-vous pas repris d'une inquiétude étrange, ne sentez-vous pas tout proche le merveilleux royaume sur lequel règne le maître? Mais, pareille à la lumière éblouissante du soleil, voici que la phrase finale brille, au milieu de la joie exubérante de l'orchestre entier! Quels étonnants entrelacs de contrepoint se nouent alors, contribuant, eux aussi, à la beauté de l'ensemble. Pour plus d'un auditeur, tout cela peut bien être le désordre d'une géniale rhapsodie; mais quiconque réfléchit sera profondément pénétré de ce sentiment indicible dont nous parlions; jusqu'à l'accord final, et même dans les instants qui le suivront, on ne quittera plus ce monde fantastique où la souffrance et la joie s'expriment avec tant de puissance.

L'ordonnance intérieure des phrases, leur développement, leur instrumentation, la manière dont elles se combinent ensemble, tout vise au même but ; mais ce sont surtout les profondes affinités des thèmes entre eux qui produisent cette unité, seule capable de retenir l'auditeur en un sentiment *continu.* Ces correspondances apparaissent très clairement, si on les dégage de l'enchaînement de deux phrases, ou si on les découvre dans la basse fondamentale commune à deux phrases différentes. Mais il existe une affinité plus profonde, moins apparente, perceptible à l'âme seule, et c'est celle-là qui règne sous les phrases des deux allégros et du menuet, révélant dans toute sa splendeur le génie contemplatif du maître.

E. T. A. Hoffmann,
*Kreisleriana,*
Gallimard, 1949

## La Sonate à Kreutzer

Le dîner fut, comme tous les dîners, ennuyeux et guindé. On commença à faire de la musique assez tôt. Ah! comme je me souviens de tous les détails de cette soirée! Je me rappelle qu'il apporta son violon, en ouvrit la boîte, en retira une petite couverture brodée pour lui par une dame, puis l'instrument qu'il se mit à accorder. Je me rappelle que ma femme s'assit au piano, d'un air qui voulait être indifférent et sous lequel je voyais qu'elle cachait une grande timidité… timidité principalement devant son savoir-faire. Elle s'assit avec cet air affecté, puis ce furent les *la* habituels du piano, les pizzicati du violon, la mise en place des partitions. Je me rappelle ensuite le regard qu'ils échangèrent : ils se tournèrent pour jeter un coup d'œil sur les assistants, se dirent quelques mots et cela commença. Elle attaqua le premier accord. Le visage de Troukhatchevski prit une expression sympathique, sévère, sérieuse et, attentif à ses propres sons, il fit vibrer les cordes avec des doigts délicats et répondit au piano. Et cela commença… Pozdnychev s'arrêta et fit entendre plusieurs fois ces sons qui lui étaient particuliers. Il voulut reprendre, mais il renifla et s'arrêta encore.

– Ils jouaient la

Vue du Graben, à Vienne.

sonate à Kreutzer de Beethoven. Connaissez-vous le premier presto? Vous le connaissez! s'écria-t-il. Ah! Quelle chose terrible que cette sonate! Surtout ce mouvement-là. Et, en général, quelle chose terrible que la musique! Qu'est-ce exactement? Je ne le saisis pas. Qu'est-ce que la musique? Quelle est son action? Et pourquoi agit-elle comme elle fait? On dit que la musique agit de façon à élever l'âme… quelle stupidité, quel mensonge! Elle agit, elle agit terriblement, je parle pour moi, mais nullement de façon à élever l'âme. Elle n'agit ni de façon à élever l'âme, ni de façon à l'abaisser, mais de façon à l'exaspérer. Comment vous dire? La musique m'oblige à m'oublier, à oublier ma vraie condition, elle me transporte dans un état qui n'est pas le mien; sous l'influence de la musique, j'ai l'impression que je sens ce qu'en réalité je ne sens pas, que je comprends ce que je ne comprends pas, que je peux ce que je ne peux pas. J'explique cela en disant que la musique agit comme le bâillement, comme le rire; je n'ai pas sommeil, mais je bâille en voyant quelqu'un bâiller; je n'ai aucune raison de rire, mais je ris en entendant quelqu'un rire.

La musique, elle, me transporte d'emblée, immédiatement, dans l'état d'âme où se trouvait celui qui l'a écrite. Je confonds mon âme avec la sienne et avec lui je passe d'un état à un autre, mais pourquoi je fais cela, je l'ignore. L'homme qui a écrit mettons la sonate à Kreutzer, Beethoven, savait pourquoi il se trouvait dans cet état qui l'a porté à certains actes, aussi pour lui cet état a une signification, pour moi aucune. C'est pourquoi la musique ne fait qu'irriter, elle ne conclut pas. Si par exemple on joue une marche militaire, les soldats défilent à son rythme

et la musique a atteint son but; on a joué une danse, j'ai dansé pendant ce temps-là, la musique a atteint son but; autrement, ce n'est qu'une surexcitation et qu'y a-t-il à faire au sein de cette surexcitation? Rien. C'est pourquoi la musique exerce parfois une action si terrible, si redoutable. En Chine, la musique est l'affaire de l'Etat. C'est ainsi que cela doit être. Peut-on admettre que n'importe qui puisse à son gré hypnotiser seul une ou plusieurs personnes et ensuite faire d'elles ce qu'il veut? Et surtout que cet hypnotiseur soit le premier homme de mauvaises mœurs rencontré en chemin?

Et entre les mains de qui est tombé ce redoutable instrument? Prenons par exemple cette sonate à Kreutzer, le premier presto. Peut-on jouer ce presto dans un salon parmi des femmes décolletées? Le jouer, puis applaudir, manger des glaces et se raconter le dernier potin? Ces morceaux-là, on ne devrait les jouer qu'en certaines circonstances importantes, graves, et lorsqu'on est requis d'accomplir certains actes importants, en harmonie avec cette musique. Autrement, cet appel inopportun à une énergie, à des sentiments qui n'ont pas lieu de se manifester ne peut avoir qu'un résultat néfaste. Sur moi, du moins, cela produisit un effet désastreux; c'était comme si des sentiments que je croyais tout à fait nouveaux, des possibilités que j'ignorais jusqu'alors se révélaient à moi. «Oui, c'est cela, cela n'a rien à voir avec la façon dont je vivais et réfléchissais auparavant, c'est cela», croyais-je entendre dire une voix au fond de moi-même. Ce qu'était cet élément nouveau que j'avais découvert, je ne pouvais m'en rendre compte, mais la conscience de cet

état nouveau me procurait une grande joie. Ces visages qui étaient toujours les mêmes, et dans le nombre ceux de ma femme et de Troukhatchevski, m'apparaissaient sous un jour différent.

Après ce presto, ils jouèrent l'*andante* qui est beau mais sans originalité avec ses variantes banales et le très faible finale. Ensuite, ils jouèrent encore, à la demande de nos invités, une élégie d'Ernst et plusieurs petits morceaux. Tout cela était bon, mais cela ne produisit pas sur moi le dixième de l'impression que m'avait faite la première œuvre, tout cela se passait déjà sur le fond de l'impression que m'avait faite la sonate. Je me sentis léger, joyeux pendant toute la soirée. Quant à ma femme, jamais je ne l'avais vue comme elle fut ce soir-là. Ces yeux brillants, cette sévérité, cette gravité dans l'expression pendant qu'elle jouait, cette espèce d'abandon total, ce sourire faible, pitoyable et extasié après qu'ils eurent fini! Je voyais tout cela mais je n'y attachais pas d'importance particulière : elle éprouvait la même chose que moi, des sentiments nouveaux, inconnus, avaient surgi devant elle comme devant moi, et c'était tout. La soirée se termina bien et chacun rentra chez soi.

Sachant que je devais le surlendemain partir pour ce congrès, Troukhatchevski, en nous quittant, dit qu'il espérait, lors de son prochain passage, renouveler le plaisir de cette soirée. Je pouvais en conclure qu'il jugeait impossible de venir chez moi en mon absence et cela me fut agréable. Comme je ne pouvais pas rentrer avant son départ, nous ne devions plus nous revoir.

Pour la première fois, je lui serrai la main avec une véritable satisfaction et le remerciai pour le plaisir qu'il m'avait procuré. Il prit définitivement congé de ma femme. Et leurs adieux me parurent des plus naturels et des plus convenables. Tout était parfait. Nous étions, ma femme et moi, tous deux très contents de notre soirée.

Léon Tolstoï,
*La Sonate à Kreutzer,*
Folio Gallimard

## Le «dernier Beethoven»

Les ouvrages pour lesquels je confesse mon admiration et ma prédilection sont pour la plupart au nombre de ceux que les maîtres de chapelle plus ou moins renommés n'ont que peu ou point honorés de leurs sympathies personnelles, si bien qu'il est rarement advenu qu'ils les aient fait exécuter. Ces ouvrages, à partir de ceux désignés aujourd'hui communément comme appartenant à la *dernière manière* de Beethoven (et qu'on expliquait il n'y a pas longtemps peu révérencieusement par la surdité et le dérangement d'esprit de Beethoven!), exigent à mon sens de la part des exécutants et des orchestres un *progrès* qui s'accomplit en ce moment – mais qui est loin d'être réalisé en tout lieu – dans l'accentuation, le rythme, la manière de phraser et de déclamer certains passages, et celle de répartir les ombres et les lumières – en un mot un *progrès* dans le style même de l'exécution. Ils établissent entre les musiciens des pupitres et le *musicien chef* qui les dirige un lien d'une autre nature que celui qui est cimenté par le battement imperturbable de la mesure. Dans beaucoup d'endroits, même, le grossier maintien de la mesure et de la barre de mesure, 1-2-3-4, 1-2-3-4, jure avec le sens et l'expression. Là comme ailleurs *la lettre tue l'esprit.*

Franz Liszt, *Lettre à Richard Pohl*
*(*5 novembre 1853),
Jean-Claude Lattès, 1986

## Les Variations Diabelli

Beethoven ne s'arrête pas au XVIIIe siècle. Dans le *Chant de Remerciement d'un Convalescent à la Divinité sur le Mode lydien* du 15e quatuor, il s'efforce de remonter à une musique antique à travers une polyphonie qui fait penser au XVIe siècle, et c'est également au XVIe siècle que nous ramène la lente marche lunaire (20e variation), d'abord à cause de l'absence de reprises, et du mouvement de canon très retardé qui l'ouvre, du miroir qui la termine, mais aussi des nombreuses notes longues répétées qui font penser à des tenues d'orgues. Que connaissait au juste Beethoven de la musique du XVIe siècle? Palestrina sans doute quelque peu, mais l'abondance du chromatisme fait penser à d'autres musiciens : Gesualdo qu'il ignorait certainement, et Lassus qui n'était vraisemblablement pour lui qu'un nom.

Mais il est un autre nom qui vient à l'esprit lorsqu'on écoute ce mouvement d'ombre et de reflets, c'est celui de Claude Debussy, notamment dans les mesures répétées qui constituent la troisième phrase, musicien qui lui aussi s'est appuyé sur une exploration du passé pour réussir à succéder à son présent.

J'ai déjà nommé Webern, et l'un des aspects les plus fascinants des *Variations Diabelli,* c'est tout ce qu'elles contiennent d'anticipations stylistiques. J'ai parlé de Haendel à propos de la fantaisie pathétique (31e variation), mais je sais bien que c'est un autre nom qui vient immanquablement à l'esprit de l'auditeur moderne, celui de Chopin; de même il ne pourra s'empêcher de parler de Schumann et de Moussorgski à propos du prélude rêveur (30e variation).

Or, c'est dans certaines variations où la référence au passé est la plus nette que la prémonition de l'avenir est la plus forte : la lente marche lunaire, c'est à la fois Lassus et Debussy, la fantaisie pathétique, c'est à la fois Haendel et Chopin. Beethoven, dans l'exploration du passé, recherche tout ce qui est gros d'avenir. Ainsi les révolutionnaires américains ou français se considéraient comme des Grecs et des Romains.

Michel Butor,
*Dialogue avec trente-trois Variations de Ludwig van Beethoven sur une valse de Diabelli*
Gallimard, 1971

## Une symphonie inconnue

Des œuvres du grandiose musicien, cette 10e symphonie, encore ignorée, est une des plus somptueuses. Les proportions en sont vastes comme un palais; les idées en sont ombreuses et fraîches; les développements en sont précis et justes.

Il fallait que cette symphonie existât : le nombre 9 ne saurait être beethovénien. Il aimait le système décimal : «J'ai dix doigts», expliquait-il.

Venus pour absorber filialement ce chef-d'œuvre, de leurs oreilles méditatives et recueillies, quelques-uns, sans raison, crurent à une conception inférieure de Beethoven, et le dirent. Ils allèrent plus loin même.

Beethoven ne peut être inférieur à lui-même, dans aucun cas. Sa technique et sa forme restent augurales, même dans l'infime. Le rudimentaire ne lui est applicable. Il ne s'intimide pas du contrefait imputé à sa personne artistique.

Erik Satie,
*Parfait entourage,* 1912

## Les derniers quatuors

*Ils sont cinq. Aussi dissemblables dans leurs formes, leurs couleurs, leurs intentions que le sont les cinq doigts de la main, pourtant intimement frères, les «derniers quatuors» n'ont plus de parenté avec les œuvres écrites précédemment pour la même formation; ils n'ont même plus de communauté véritable avec les autres compositions de la fin. Ici, Beethoven n'est plus en lui-même, l'horizon est celui de l'Homme.*

### Les voix diverses d'une même âme

Cette âme multiple, dont la tragédie intérieure était cachée à ceux qui l'entouraient, avait besoin, pour se soulager, des flots heurtés de ses sentiments, de ses emportements, de ses espoirs blessés, de ses révoltes, de sa mélancolie, et de sa volonté de puissance et de joie malgré tout, – avait besoin de la polyphonie la plus souple et la plus intime. Il n'était pas d'instrument plus propre à obéir aux moindres inflexions de sa pensée que le *quatuor à cordes,* avec son admirable mobilité, quatre à cinq octaves d'étendue, *«l'égalité en dignité»* de ses quatre parties mélodiques, dont le concert est un débat entre les voix diverses d'une même âme, entre les hommes différents que chaque homme porte en soi. Bien mieux que l'orchestre, dont Beethoven emploie aussi, dans cette période, avec bonheur, la magnifique polychromie, le quatuor à cordes maintient, affirme, par son unité sonore, cependant différenciée, l'unité de l'âme multiple. Il se prêtera merveilleusement à l'analyse de ses désirs, de ses poussées contradictoires, de ses discussions avec soi-même, de ses lents et troubles processus, de ses combats. Non pas que le jeune Beethoven soit encore en mesure de procéder à cette enquête passionnée : il va être pris, entre 1800 et 1812, par

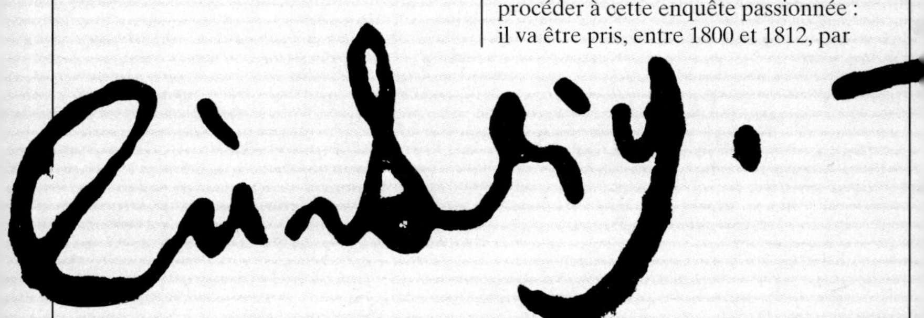

le tourbillon des grands discours sur le Forum, les triomphales Symphonies. Mais il s'est, dès lors, rendu compte du confident sûr, à qui il pourra maintenant livrer le secret de ses confessions, – concurremment, pendant assez longtemps, avec son vieil interprète, son coursier de gloire, son clavier. Mais celui-ci l'oblige à des jeux de virtuosité, où pour l'instant, il trouve encore un attrait, même un éperon pour son génie; et, à la longue, il s'en lassera, à mesure que sa surdité l'obligera à s'éloigner du champ de joute, de la salle de concerts, pour se refermer dans le champ clos de son âme-univers. Jusqu'au moment où, après ses dernières sonates, il refusera de leur donner une suite, trouvant le piano insuffisant. […]

Le quatuor à cordes s'accordait avec ses exigences essentielles, – aussi avec ses manques.

C'était un instrument de discrimination des pensées et d'analyse merveilleux, le plus souple, le plus précis, le plus nerveux, qui fût dans tout l'arsenal de la musique. Quatre instruments apparentés, de même race, et pourtant d'individualités bien tranchées, susceptibles d'affirmer la plus extrême liberté dans la conduite de chaque voix, sans pourtant rompre l'unité du groupe sonore, – la *«Klangeinheit»*. La polyphonie leur est, pour ainsi dire, naturelle, et elle se prête aux débats de l'âme avec soi-même, sans qu'on risque d'en être distrait par les sortilèges de la polychromie des timbres trop différents – (et, sur la palette orchestrale, il en est d'autres, les bois, les cors, qui disposent de plus de séductions). – C'est évidemment un appauvrissement, du point de vue du plaisir sensuel : quel charme ensorcelant ne possède point la clarinette dans un quintette de Mozart! Mais ce qui est perdu de la volupté, est un gain pour l'intelligence; et celle du vieux Beethoven, dont l'oreille était sans doute restée sensible aux jouissances du coloris sonore, […] mais toutefois feutrée à l'attouchement direct des sonorités, avait moins de peine à en sacrifier la gourmandise à la joie pure et sévère des lignes du quatuor. Comme on l'a dit, un quatuor à cordes est un dessin à deux ou trois crayons, mine de plomb, craie, sanguine et encre de Chine. Et l'on sait que ceux des maîtres valent les plus belles peintures : il n'est pas interdit, même, de les préférer, quand ils sont de la main de Rembrandt ou de Vinci. Dans le dessin sonore du quatuor, nul subterfuge ne peut faire passer sur la pauvreté des lignes : le voile diapré de la *Maya* – de l'illusion orchestrale – ne se tend point pour dissimuler le néant; *«dice cose…»* (il faut avoir des *choses* à dire, et non pas des *«paroles»* vides). Beethoven ne parlait jamais pour ne rien dire.

Nous ne pouvons douter, d'autre part, qu'il n'y ait aussi, dans le quatuor à cordes, avec ses frottements d'archets, ses vibrations, l'extrême acuité de certaines de ses sonorités, – une action nerveuse, dont rien – (la rondeur moelleuse des sons des bois, leur velouté, la somptueuse étoffe et la chaleur dorée des cuivres), – rien ne vient pallier l'effet tendu, un peu fébrile, parfois anguleux et vrillant… Or, cette tension continue s'apparentait à celle même de Beethoven, que n'arrêtaient point, dans la poursuite de l'expression, les rongements aigus de certains jeux d'archets. Est-ce à dire que l'interprétation doive les accuser sans pitié, pour ne s'attacher qu'à l'intellectualité? Je ne le crois pas, car Beethoven était un trop grand artiste, pour sacrifier sciemment la beauté du son à sa signification. Son oreille saine eût réussi à marier l'une à l'autre. Aussi, j'ai préféré jadis à l'interprétation du quatuor célèbre de Joachim, intelligente, mais un peu trop indifférente à la beauté plastique, l'harmonieux équilibre du sens et de l'expression, réalisé par le quatuor Rozé de Vienne, dont la beauté du son ne faisait jamais tort à la pensée. Il n'est pas d'œuvre de Beethoven, dont l'âpreté

apparente d'écriture n'implique une harmonie profonde, qu'il entendait, et qu'il faut savoir reconstruire, – bien entendu, sous condition de ne jamais atténuer, à aucun prix, l'accent. L'accent, premier, dans cette musique.

Romain Rolland,
*La Cathédrale interrompue,*
Albin-Michel, 1966

**Jouer les derniers quatuors**

J'ai longtemps eu le sentiment que pénétrer dans les derniers quatuors de Beethoven imposait à l'auditeur une plongée dans les pensées les plus profondes du compositeur. On peut être assuré d'un métier fantastique, de l'acuité d'un grand esprit, car d'autres œuvres en témoignent aussi : ce que Beethoven a à dire de la vie dans cette musique ne saurait être décrit par les mots. Et pourtant, il y a beaucoup de mots et d'indications qu'il a lui-même écrits dans les partitions pour aider les exécutants à prendre conscience de ses sentiments. Si nous sommes à même de comprendre ces indications, nous nous approchons d'autant plus de l'esprit de Beethoven. Je ne fais pas allusion ici aux indications de tempo, dont la valeur intrinsèque est évidente, mais à toutes

les autres, qui sont parfois tout à fait inhabituelles et qui semblent spontanées. En les lisant en même temps que la musique, on a pratiquement l'impression de vivre Beethoven écrivant sa musique. [...]

La quantité d'indications, de changements dynamiques et d'autres instructions produit une impression terrible sur l'interprète. Beethoven ajoute une autre dimension à la musique. Tout cela fait le même effet que s'il ajoutait des gestes en parlant. La raison de toutes ces indications devient évidente, pourtant, quand on s'aperçoit que beaucoup d'entre elles, à mon avis en tout cas, s'opposent au phrasé naturel. Il y a de nombreux exemples de changements soudains de *forte* à *piano* et vice versa. Cela est fait pour créer, ou pour dissiper, une tension exceptionnelle. Beethoven ne fait pas d'économie dans l'usage de la dynamique. Par exemple, dans l'*Opus 130,* l'Andante con moto ma non troppo, sous lequel il a écrit *poco scherzozo* (un peu en plaisantant), contient un changement de dynamique à chaque note ou presque. Il y a cinq changements en deux mesures!

Peter Cropper,
Premier violon du quatuor Lindsay
Academy Sound and Vision, 1983

**La déchirure**

Il n'unit plus à l'image le paysage, maintenant abandonné et aliéné. Il le balaye du feu même qui enflamme la subjectivité, pendant qu'elle donne, dans sa fuite, contre les cloisonnements de l'œuvre, fidèle à l'idée de sa dynamique. Son œuvre tardive demeure encore processus : non pourtant au sens de développement, mais comme «allumage» entre deux extrêmes, qui ne tolèrent plus le milieu et l'harmonie, fait de spontanéité. Entre les extrêmes au sens le plus technique du mot : ici de l'homophonie, de l'unisson, de la fleur de rhétorique signifiante, là de la polyphonie qui s'élève immédiatement au-dessus. C'est de la subjectivité qui comprime les extrêmes en un seul

moment, qui charge la texture polyphonique de ses tensions, la brise dans l'unisson, et s'en échappe, laissant derrière elle le son dénudé, qui installe la fleur de rhétorique en tant que monument commémoratif du passé, où entre la subjectivité elle-même, pétrifiée. Les césures, cependant, l'arrêt brusque, qui signalent avant tout le dernier Beethoven, sont les moments d'éruptions; l'œuvre se tait, lorsqu'elle est ainsi délaissée, et reverse ses «vides» à l'extérieur.

A ce moment-là seulement se joint le fragment suivant, captivé sur place par l'ordre de la subjectivité, enfuie et complice, tout risque assumé du fragment précédent. Car le secret est entre eux, et ne se laisse pas évoquer autrement que dans la figure qu'ils forment ensemble. Ceci éclaircit le contre-sens, selon lequel le dernier Beethoven est décrit comme subjectif et objectif. Objectif est le paysage fragile, subjective est la lumière par laquelle tout ce paysage flamboie. Beethoven n'effectue pas leur synthèse harmonique. Il les déchire dans le temps, en tant que pouvoir de dissociation, afin peut-être de les perpétuer pour l'éternel. Dans l'histoire de l'art, les œuvres tardives sont les catastrophes.

Theodor W. Adorno, 1937
in *L'Arc,* n° 40, 1990

## La Neuvième Symphonie

*Œuvre de tous les excès, la* Neuvième Symphonie *va jusqu'à faire éclater le cadre instrumental, en associant à l'orchestre la voix, soliste ou chorale. Elle est à l'avenir de la musique ce que le big bang est à l'histoire de l'Univers. Il fascine, elle fascine. Et elle ne saurait être que pensée voulue.*

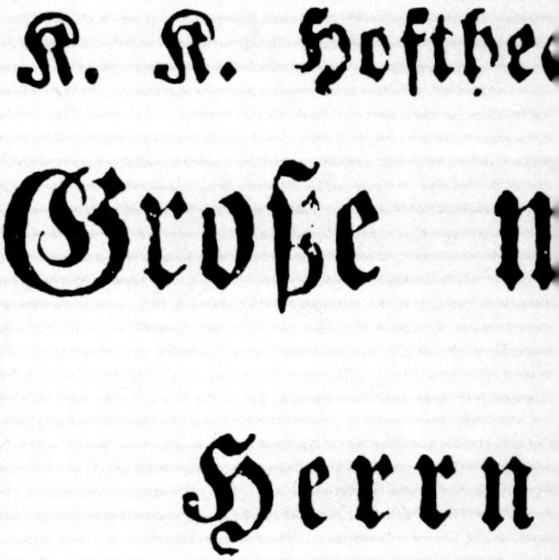

**La délivrance par la joie**

Avec la *Neuvième Symphonie,* Beethoven a créé son monument de musique le plus magistral. Sa conception révèle une grandeur stupéfiante dès le tout début, dans sa manière d'accéder au thème initial : le cinquième degré de la gamme (la), puis le premier (ré), puis on descend à la sous-dominante (sol), et ainsi de suite, comme des accords naturels. Les notes signalent le début de la lutte entre la vie et la mort, et dans les deux premiers mouvements Beethoven est pris dans un combat contre la mort. Quand je dirige le deuxième mouvement, je ne peux pas échapper à la sensation que la mort elle-même me regarde par-dessus mes épaules. Même le presto (du deuxième mouvement) n'apporte pas le repos. Toute sa douceur n'est rien qu'un spectre qui vient planer un bref instant sur la scène. Dans le troisième mouvement, Beethoven touche à sa fin. La mort frappe à sa porte par les trompettes; Beethoven la refuse, aux violons. Sa réponse restera un «Non!», jusqu'au dernier moment. Mais à la fin

nächst dem Kärnthnerthore.
ikalische Akademie
von
van Beethoven,

de ce mouvement il rencontre cette mort inévitable. C'est ainsi que je vois les choses depuis des décennies. Pour moi, le final ne se déroule pas ici-bas. Il est périlleux de parler si précisément de visions personnelles, mais avec les yeux de mon esprit, je vois tout à fait distinctement l'instant où Beethoven entre au Paradis. Le finale nous narre son arrivée, il me raconte comme le Paradis se tait en sa présence. De façon assez significative, Beethoven n'a plus trouvé les moyens suffisants dans le cadre de l'orchestre pour nous dire tout ce qu'il voulait nous dire dans cette musique. Au lieu de cela, il retourne à la véritable source de tous les instruments, à la voix humaine, cette voix que Dieu a créée à sa propre image. Beethoven nous a préparés à cette entrée de la voix humaine au cours d'une transition élaborée et symbolique. Le récitatif des contrebasses, dans l'introduction du finale, est sans cesse interrompu par des thèmes des mouvements précédents. Que veut-il dire par ces interruptions? Voici que les premiers mots du soliste les explique : «O, amis, pas ces sons…» En effet, le conflit doit s'écarter, le souvenir de la douleur et de la mort doit disparaître. Elevons nos voix dans des chants plus agréables et plus gais. A chaque fois que je dirige cette musique je la ressens à nouveau comme quelque chose qui est ineffablement achevé en soi. Dans les autres symphonies, Beethoven parle de rédemption par la liberté, par la nature, par la conquête du destin, par la gaieté divine et l'énergie sans limite de la danse. Ici, le sujet est la délivrance de l'homme par la joie.

Josef Krips,
*Everest Records,*
1963

**Tant pis pour la loi!**

Dans l'*adagio cantabile,* le principe de l'unité est si peu observé qu'on pourrait y voir plutôt deux morceaux distincts qu'un seul. Au premier chant en *si bémol* à quatre temps, succède une autre mélodie absolument différente en *ré majeur* et à trois temps; le premier thème, légèrement altéré et varié par les premiers violons, fait une seconde apparition dans le ton primitif pour ramener de nouveau la mélodie à trois temps, sans altérations ni variations, mais

Le 22 mai 1872, la *Neuvième Symphonie* est exécutée à Bayreuth sous la baguette de Wagner.

dans le ton de *sol majeur;* après quoi le premier thème s'établit définitivement et ne permet plus à la phrase rivale de partager avec lui l'attention de l'auditeur. Il faut entendre plusieurs fois ce merveilleux *adagio* pour s'accoutumer tout à fait à une aussi singulière disposition. Quant à la beauté de toutes ces mélodies, à la grâce infinie des ornements dont elles sont couvertes, aux sentiments de tendresse mélancolique, d'abattement passionné, de religiosité rêveuse qu'elles expriment, si ma prose pouvait en donner une idée seulement approximative, la musique aurait trouvé dans la parole écrite une émule que le plus grand des poètes lui-même ne parviendra jamais à lui opposer. C'est une œuvre immense, et quand on est entré sous son charme puissant, on ne peut que répondre à la critique, reprochant à l'auteur d'avoir ici violé la loi de l'unité : tant pis pour la loi!

Nous touchons au moment où les voix vont s'unir à l'orchestre. Les violoncelles et les contrebasses entonnent le récitatif, après une ritournelle des instruments à vent, rauque et violente comme un cri de colère. […]

Cette symphonie est la plus difficile d'exécution de toutes celles de l'auteur; elle nécessite des études patientes et multipliées, et surtout bien dirigées. Elle exige en outre un nombre de chanteurs d'autant plus considérable que le chœur doit évidemment couvrir l'orchestre en maint endroit, et que, d'ailleurs, la manière dont la musique est disposée sur les paroles et l'élévation excessive de certaines parties de chant rendent

fort difficile l'émission de la voix, et
diminuent beaucoup le volume et
l'énergie des sons.

Hector Berlioz,
*A travers chants,*
1862

## Ode à la Joie

O amis, n'entonnez point ces sons!
Entonnez-en de plus agréables
Et de plus joyeux!

Joie, belle étincelle divine,
Enfant venue de l'Elysée,
Nous pénétrons, brûlants d'ivresse,
O céleste, en ton sanctuaire.

Ton enchantement rassemble
Ce que la mode avait divisé;
Tous les hommes deviennent frères
Où plane doucement ton aile.

Qui a réussi le coup de dé
D'être l'ami d'un ami,
Qui a conquis une noble femme,
Qu'il mêle ses transports aux nôtres!

Oui, qui peut seulement nommer
Sienne une âme sur le globe!
Et qui n'y est pas parvenu,
Qu'il se dérobe, pleurant, à notre
[alliance!

Tous les êtres sucent la joie
Aux mamelles de la Nature;
Tous les bons, tous les mauvais
Suivent sa voie bordée de roses.

Elle nous donna des baisers, et la vigne,
Un ami, éprouvé jusque dans la mort;
La volupté fut donnée au ver,
Et le Chérubin se tient devant Dieu.

Joyeux comme volent ses soleils,
A travers la splendide plaine céleste,
Courez, frères, votre chemin,
De joie, comme un héros vers la victoire!

Embrassez-vous, millions d'êtres!
Ce baiser, au monde entier !
Frères, au-dessus de la voûte étoilée
Il doit y avoir un bon père.

Vous vous prosternez, millions d'êtres?
Monde, pressens-tu le Créateur?
Cherche-le au-dessus de la voûte étoilée!
Il doit habiter au-dessus des étoiles.

Friedrich Schiller,
«Ode à la joie»

## Les pensées d'un revenant

En la *Neuvième Symphonie*, miroir de la pensée de Beethoven, la plus intime, la plus profonde, se mêlaient un mysticisme brûlant, un intuitionnisme passionné du

Dieu dans la Nature et dans la conscience morale, un théosophisme germano-mythologique, nourri de Schiller, de lectures philosophiques, peut-être de Schelling, de ses rapports avec les Orientalistes, – le tout brassé par une volonté d'agir héroïque et révolutionnaire, dans l'esprit du temps de sa jeunesse. Car il était déjà un «revenant», au temps où il fit exécuter sa symphonie : la Vienne de 1825 était bien loin de la Bonn de 1792. Et c'est à celle-ci que la pensée de Beethoven est restée fidèle : il a maintenu son rêve de jeunesse, celui des Schiller et des Kant, à l'époque des désenchantés romantiques et des sceptiques épicuriens, de Byron et de Rossini (pour ne nommer que deux des plus grands). Il était un étranger parmi les nouvelles générations, l'homme d'un autre siècle, – l'homme au-dessus des siècles. Aussi ne fut-il pas compris, même de ses amis. Il inspirait aux meilleurs d'entre eux un respect où l'on sent quelque chose de religieux, – comme s'adressant à un inspiré d'un autre âge.

Chose curieuse, il est plus proche de notre époque, – sans être probablement beaucoup mieux compris. L'instinct des masses sent obscurément en lui, en sa *Neuvième,* non plus le passé, mais l'avenir, dont il paraît un précurseur presque mythique. Car si la *Neuvième* est, en fait, l'aboutissement d'une grande époque de l'humanité, l'achèvement des aspirations de sa raison et de son cœur, – et si cette époque est passée, – elle a laissé à ses survivants, dans l'âge de fer que nous traversons à présent (1941), ainsi qu'un temple abandonné au milieu des déserts, le témoignage impérissable du grand Rêve – toujours couvant au cœur des hommes – du royaume de Dieu sur la terre, établi par la fraternité des hommes, dans la raison et dans la joie.

Quoi qu'il en soit, il est frappant que les peuples aient, encore plus que l'élite, toujours attribué une place à part à la *Neuvième Symphonie,* parmi toutes les œuvres musicales, – au dépit des purs musiciens, qui s'offensent que cet hommage s'adresse au-delà de la musique.

Nous ne partageons pas ce dépit : car nous savons que la musique n'y perd rien. Parce qu'elle est chargée de pensée, qu'on ne nous fasse point dire que nous la subordonnons à la pensée ! Elles s'enrichissent mutuellement, sans qu'aucune d'elles se sacrifie. Et ce n'est pas la moindre victoire de cette symphonie, que l'une et l'autre aient pu y réaliser leur accord. Depuis des siècles, pendant des siècles, on a débattu, on débattra encore cette difficile question des rapports de la poésie et de la musique associées. Elle a été tranchée, trop péremptoirement, par les uns en faveur de la suprématie absolue de la musique, par les autres, à l'avantage «des Muses préposées (préférées) aux Sirènes», comme on disait au XVIII^e siècle. Beethoven l'a résolue (exceptionnellement, dans ce *finale* de symphonie), par la fonte parfaite de la pensée avec la musique. Remarquons-le : il ne l'a pas obtenue par une attention scrupuleuse aux mots; il s'est beaucoup moins préoccupé de les traduire fidèlement que dans la *Missa Solemnis,* où ils morcellent trop, parfois, les grands mouvements lyriques (mais les exigences de la liturgie l'y obligeaient). Il en use librement – disons mieux : largement – avec le texte de Schiller. Mais c'est qu'il en a recréé l'esprit et la substance; il les a faits siens; il y a transfusé le sang de sa musique.

Romain Rolland,
*La Cathédrale interrompue,*
Albin-Michel, 1966

# Beethoven au cinéma

*De Louis Gaumont (*Beethoven, *1912) à Paul Morrissey (*Le Neveu de Beethoven, *1985), une vingtaine de cinéastes se sont appropriés Beethoven. Le mythe de Beethoven y est à peu près uniformément restitué avec sa cohorte de clichés sur l'homme révolté, le génie incompris, le héros tragique... En 1936, pour les 135 mm d'*Un grand amour de Beethoven, *Abel Gance est le premier à profiter de la bande sonore. Il ne faut pas s'offusquer de voir Beethoven s'asseoir au piano et d'entendre en même temps un orchestre : la musique est arrangée par Louis Masson.*

## «Un grand amour de Beethoven»

Le grand amour c'est celui que Beethoven voue à Giuletta Guicciardi, qu'il rencontra en 1801 dans les salons de Vienne, sans comprendre qu'elle ne lui témoignait qu'une grande amitié et beaucoup d'admiration. Par un soir d'été, Giulietta se confie à lui tandis que Beethoven improvise ce qui sera baptisé «Sonate au clair de lune». Elle va se marier au comte Gallenberg, jeune, beau et mondain. Profondément blessé, Beethoven s'enfuit dans l'orage et prend peu à peu conscience de sa surdité. Il cherche un asile au vieux moulin d'Heiligenstadt où le violoniste Schuppanzigh le retrouve et lui fait promettre de vivre. Quelque temps après, Beethoven rentre à Vienne où il vit coupé du monde. Sa porte ne s'ouvrant que pour une femme douce et aimante : Thérèse de Brunsvik, la cousine de Giulietta. Elle, connaissant de puis longtemps Beethoven, l'admirait et avait deviné le drame de l'amour déçu. Au mariage de Giulietta, Beethoven attaque à l'orgue une marche funèbre qui trouble profondément la cérémonie et bouleverse l'assemblée. Le séduisant Gallenberg se révèle très vite joueur et mufle. Giulietta comprend, enfin, trop tard, le désespoir de Beethoven. Celui-ci semble trouver l'apaisement auprès de Thérèse et peu à peu, se rapproche d'elle. Mais, Giulietta, malheureuse, veut reconnaître son erreur et se faire pardonner. La surdité de Beethoven l'oblige à écrire cet aveu. Bouleversé, le compositeur commence une lettre, la fameuse lettre à l'«immortelle bien-aimée». Thérèse qui survient lit cette déclaration, se persuade qu'elle s'adresse à elle et Beethoven n'ose la détromper. En mantant, il sauve la jeune femme mais ruine définitivement son bonheur.

80.

118.

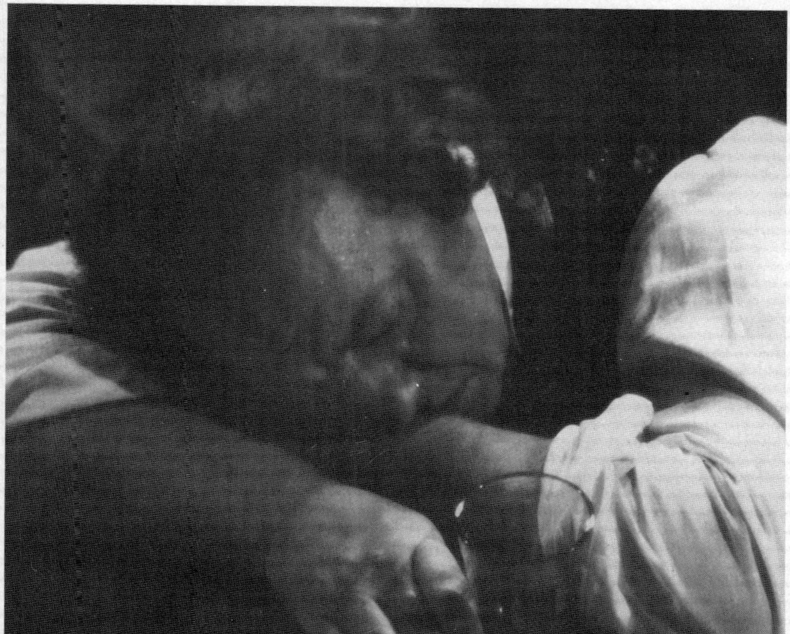

## BIBLIOGRAPHIE


**Musique**

Deux éditions monumentales donnent accès à l'ensemble des compositions de Beethoven, *Beethovens Werke,* en 25 volumes, chez Breitkopf & Härtel, et *Werke,* en cours de publication depuis 1961 par le Beethoven-Haus de Bonn, sous la direction de J. Schmidt-Görg.

**Lettres, carnets et documents**

*Les Lettres de Beethoven,* éditions E. Anderson, traduction J. Chuzeville, Turin, 1968.

Les *Cahiers de conversations de Beethoven,* édition J. G. Prodhomme, Paris, 1946, sont dépassés par les résultats obtenus par K. H. Köhler et son équipe, mais inédits en français.

*Carnets intimes,* édition A. Leizmann, traduction M.-V. Kubié, Paris, 1936.

**Monographies principales en français**

André Boucourechliev, *Beethoven,* Paris, Seuil, 1963.

Jean et Brigitte Massin, *Ludwig van Beethoven,* Paris, Fayard, 1967.

Romain Rolland, *Beethoven, les grandes époques créatrices,* rééd. en un vol., Paris, Albin-Michel, 1966.

Maynhard Solomon, *Beethoven,* traduction H. Hildebrand, Paris, Lattès, 1985, qui offre en fin de volume une bibliographie développée.


## DISCOGRAPHIE

Dès ses débuts, le disque s'est mis au service de Beethoven. Rares ont été les artistes qui n'ont pas tenté un jour de montrer ce qu'ils pouvaient faire de la *Sonate au clair de lune* ou de la *Cinquième Symphonie.* Mais beaucoup d'interprètes de grand talent se sont aussi penchés sur des œuvres moins connues, sans être moins intéressantes, de sorte qu'aucune œuvre de Beethoven digne d'attention n'a été oubliée par le disque. Même sur le nouveau support à lecture laser (CD), ce répertoire jouit d'une couverture exceptionnelle. La seule lacune importante est celle des canons vocaux, qui avaient d'ailleurs été les moins présents aussi sur le support vinyle (LP).

Aujourd'hui, la discographie beethovenienne peut donc se limiter au support CD. Celle qui est proposée ici s'impose de ne pas dépasser le nombre de cinquante disques, tout en donnant une idée représentative du «grand Beethoven» au moins. Malgré les hésitations nombreuses que suscite la richesse du catalogue (notamment pour les sonates, les quatuors et les symphonies), la règle est de ne proposer qu'une seule interprétation, de faire appel de préférence à des intégrales cohérentes et de rejeter les productions qui ne sont pas totalement consacrées à Beethoven (ce qui supprime, par exemple, tout enregistrement du *Quintette pour piano et vents*). Enfin, le choix doit plutôt traduire les tendances actuelles de l'interprétation, sans pour autant écarter quelques enregistrements historiques qui sont certainement, d'une manière ou d'une autre, des modèles de la lecture moderne de Beethoven (Backhaus, Oïstrakh, Krips).

**Piano seul**

*Sonates,* Alfred Brendel (11 Philips).

*Variations Diabelli,* Grigory Sokolov (1 opus 111).

*Bagatelles,* Daniel Blumenthal (1 Calliope).

**Musique de chambre**

*Sonates pour violon et piano,* David Oistrakh, Lev Oborine (4 Philips).

*Sonates pour violoncelle et piano,* Vladimir Rostropovitch, Sviatoslav Richter (2 Philips).

*Trios pour piano, violon et violoncelle,* Vladimir Ashkenazy, Itzhak Perlman, Lynn Harrel (4 EMI).

*Quatuors à cordes,* Quatuor Alban-Berg (10 EMI en 3 volumes).

*Septuor pour violon, alto, violoncelle, contrebasse, clarinette, cor et basson,* membres du Nouvel Octuor de Vienne (1 Decca, complété par le Trio opus 11).

**Musique symphonique**

*Concerto pour violon et orchestre,* Itzhak Perlman, Orchestre Philharmonia, dir. Carlo Maria Giulini (1 EMI).

*Concertos pour piano et orchestre,* Wilhelm Backhaus, Orchestre Philharmonique de Vienne, dir. Hans Schmidt-Isserstedt (3 Decca).

*Concerto pour piano, violon, violoncelle et orchestre,* Mark Zeltser, Anne Sophie Mutter,

Yo Yo Ma, Orchestre Philharmonique de Berlin, dir. Herbert von Karajan (1 DG).
*Symphonies,* Orchestre Symphonique de Londres (pour la *Neuvième Symphonie* : Jennifer Vyvyan, Shirley Carter, Rudolf Petrak, Donald Bell et les chœurs de la B.B.C.) dir. Joseph Krips (6 Sonia Classic, distr. Schott).

**Œuvres vocales**

*Fidelio,* Hildegard Behrens, Peter Adtmann, Hans Sotin, Theo Adam. Chœur et Orchestre Symphonique de Chicago, dir. Georg Solti (2 Decca).
*Christus am Ölberge* (Le Christ au mont des Oliviers), Monica Pick-Hieronimi, James Anderson, Victor Van Halem, Chœur et Orchestre National de Lyon, dir. Serge Baudo (1 Harmonia Mundi).
*Missa solemnis,* Lella Cuberli, Trudeliese Schmidt, Vinson Cole, José Van Dam, Singverein de Vienne, Orchestre Philharmonique de Berlin, dir. Herbert von Karajan (2 DG).

# TABLE DES ILLUSTRATIONS

## COUVERTURE



## OUVERTURE



## CHAPITRE I



## CHAPITRE II

CHAPITRE III

## CHAPITRE IV



## CHAPITRE V



## CHAPITRE VI

## TÉMOIGNAGES ET DOCUMENTS



## INDEX

### A-B

## CRÉDITS PHOTOGRAPHIQUES

Archiv für Kunst und Geschichte, Berlin 1, 3, 5, 7, 12-13, 12d, 13b, 14h, 15, 21d, 23, 24h, 30b, 31h, 32, 33, 34h, 34b, 35g, 36g, 39d, 43h, 43b, 46g, 47, 50, 51h, 52h, 53b, 54h, 56-57, 58, 59, 60-61, 63, 64hd, 66, 67b, 68h, 69h, 69b, 72, 73h, 74h, 78, 80, 82b, 84b-85, 86, 87, 88h, 88-89, 89h, 91h, 94h, 96, 97, 98-99, 100, 104-105, 108 109, 114-115, 116, 124-125, 126-127, 131. Artephot/coll. A. Meyer 41, 73b. Artephot/Ohana, Paris 11. Bibliothèque nationale, Paris 30h, 46d, 71h, 92, 101, 104g, 110, 128. Bridgeman Art Library, Londres 29. Charmet, Paris 55h, 70-71, 76b, 107. Cinémathèque Française, Paris 133-137. Dagli Orti, Paris 16h, 17, 19b, 20-21, 26, 28, 37h, 52b, 75, 94b, 95h, 103. Droits réservés 37b, 81, 125b. Edimédia, Paris 18, 44, 45md, 74b. Explorer Archives, Paris 19h, 22b. Freies Deutsches Hochstift, Goethemuseum/Ursula Edelmann 93h. Giraudon, Paris 12g, 35d, 36d, 45bg, 51b, 67h, 76h, 95b, 112-113, 122-123. Graphische Sammlung Albertina, Vienne 64-65, 82h. Kunsthistorisches Museum, Vienne 62. Lauros-Giraudon, Paris 27, 84h, 121. Magnum, Paris 31b, 38, 48, 49, 60h, 64hg, 68b, 77, 79, 80b, 93b. Maison de Beethoven, Bonn 16b. Österreichische Galerie in Belvedere, Vienne 42. Réunion des Musées nationaux, Paris 53h. Roger-Viollet, Paris 9, 14b, 24-25, 39d, 40, 45hg, 54-55, 83, 90, 91, 119, 126b. Stadtarchiv und Wiss. Stadtbibliothek, Bonn 10.
1er plat de couv. : © Succession et Fondation Andy Warhol.

## COLLABORATEURS EXTÉRIEURS

Maquette Gallimard avec la collaboration de Sylvie Sass. Iconographie : Diane d'Ormesson.
Lecture-correction :Béatrice Peyret-Vignals.

# Table des matières